JN114847

山にあこがれ

私の山行記

内藤隆子
NAITO Ryuko

文芸社

はじめに

先が見えてきた自分の人生を振り返った。

四十代から六十代は登山にかなりのエネルギーを費やしていた。この時期、仕事も充実していたし、他にも幾つかの趣味に取り組んでいた。

いわゆる人生の熟年期で、丁度中高年の登山ブームの走りだったのかもしれない。

山歩きは歩くことが前提で頂上に達することが目的であって、達成感と登頂した者だけに与えられる景観のご褒美の魅力に取りつかれて、次から次へと登りたくなるものだ。ただそれだけのことで、社会に貢献することもなく、褒められることでもなく、自己満足の所業なのだ。

目次

宝剣岳、木曽駒ヶ岳　昭和59年9月23日～24日（昭島市ラテルネクラブ主催）4名　15
大菩薩峠から丹波へ　昭和61年10月19日　9名　17
富士山（３７７６ｍ）昭和62年8月1日～2日　4名　18
鳳凰三山縦走　昭和62年10月2日～3日　4名　19
丹沢縦走　昭和63年5月30日～31日　3名　21
瑞牆山（２２３０ｍ）昭和63年6月14日　8名　22
八ヶ岳縦走　昭和63年8月2日～3日　5名　23
甲斐駒ヶ岳、千丈岳　平成3年8月13日～15日　10名　25
安達太良山、磐梯山　平成4年10月4日～6日　6名　28
立山、剣岳　平成5年7月25日～28日　8名　30
前穂高岳、奥穂高岳　平成6年7月24日～25日　5名　34
谷川岳（１９７７ｍ）平成6年8月27日　5名　37
栗駒山、岩手山、早池峰山　平成6年10月6日～10日　6名　38
乗鞍岳（３０２６・３ｍ）平成7年9月1日～2日　8名　40

鳥海山、月山、蔵王　平成8年8月5日〜8日　4名　41
天城山　平成9年5月12日　7名　44
鳥甲山、苗場山　平成9年7月3日〜5日　5名　45
後立山連峰縦走　平成9年7月27日〜31日　6名　48
会津駒ヶ岳　平成10年6月29日〜30日　5名　52
蓮華岳、針ノ木岳、スバリ岳、赤沢岳　平成10年8月5日〜8日　5名　54
八幡平、秋田駒ヶ岳　平成11年8月29日〜30日　14名　57
荒川三山、赤石岳　平成12年7月22日〜26日　5名　58
白馬岳、雪倉岳、朝日岳　平成12年8月6日〜9日　3名　62
笠ヶ岳、焼岳　平成12年9月24日〜27日　5名　65
恵那山、馬篭散策　平成12年10月22日〜10月24日　7名　67
九州六山山行　平成13年5月25日〜6月1日　7名　68
北海道五山　平成13年6月28日〜7月7日　6名　74
奥白根、男体山　平成13年10月20日〜10月22日　4名　81

私の山行記

生家の窓越しに、中央アルプスの南端、越百山《こすも》、後方には南駒ケ岳の雄姿を眺めて育った。

こうした山国信州に生まれ育ったのに、郷里を離れる前は、あの山の頂上に立ってみたいなどとは思ったこともなかった。

上京した私は、東京とは名ばかりの奥多摩の玄関口近くの福生に住みついた。

結婚、子育て、再就職とすっかりこの地に根付いて、いつの間にか三十余年を経ていた。

ＰＴＡ活動や地域の公民館成人講座に参加するうちに、アウトドア派の人達と出会った。

その頃全国的に歩け歩け運動が盛んで、市でも公民館活動で山歩きを奨励し職員引率で実施されていた。そんな山歩きに誘い合わせて参加する友だちが増えていき、グループができた。昭和六十年に公民館で開かれたサンデーハイク教室は、一人でも安全に楽しい山歩きをという願いを込めて、地図とコンパスの使い方、ハイキング中の事故対策、計画書の作成、天気図の読み方、登山の装備などのプログラムが組まれて私たちも参加して学んだ。

グループは「白梅ＭＣ」の名称で、公民館主催のハイキングから、自分たちでコースを決め計画し実行する回数がだんだん多くなっていった。ちなみに「白梅」は山登りのきっかけを作ってくれた公民館の名称である。

近場の低山から奥多摩の千メートル級の山々を毎週のように登り詰めて、奥多摩吾《わが》ものとばかり同じ山にも何度も登った。電車に乗りさえすればどの山も小一時間で登山口に取り付け、お金はかからないし、一日歩いて体育と森林浴で心身ともに健康な山歩きは性にあっていた。

登山歴は奥多摩から始まる

大嶽山（1267m） 昭和57年9月19日

一週間後に予定している尾瀬ケ原行きの足慣らし登山だった。生憎の雨に祟《たた》られて、傘をさして足元を気にしながら、下ばかり見つめて登って行く。

大嶽山荘に着く頃は雨も止んで、山荘に重いリュックを置き身軽になって大嶽の頂上を目指す。晴れていれば見晴らし最高なのだが、今日は足慣らしだから良しとする。

川乗山（1363m） 昭和57年11月29日

春の川乗山に登ったのは、もう十年近くも前か（この時が初めての登山らしい経験だった）。

大変な道程だったという記憶しかなかったので、覚悟して参加。あれから山歩きの経験を積んだので思っていた程ではなかったが、寒いのには参った。

獅子口小屋から汗をかきかき登り詰めて踊平へ出た時は、強い北風に煽《あお》られて凍りつきそう。風の当たらない窪地を見つけて、寒さに震えながら昼食を摂る。お腹いっぱいになると少し元気が出て、頂上まで一気に登る。流石にこんな日は人影もなく寒々とした冬山だ。

下山道は長かった。下れども下れども鳩ノ巣駅に着かないといった感じで、やっぱり大変な山なんだ。

高尾山（５９９ｍ）昭和58年1月9日

この真冬、しかも正月、山歩きをする人たちがこんなにもいるのかと吃驚《びっくり》してしまう。じっとしていると肌をさすような寒さも、歩き続けるとポカポカと汗ばんでくる。休憩する時は急いで上着を羽織るといった、着たり脱いだりの忙しい山歩きだった。

小仏峠の茶屋で根付きのヤブコウジを買って帰る。今でも我が家の庭にそのヤブコウジが生育していて、見るたびに思い出す。

雲取山（2017・7m）昭和58年5月8日

やった!!　という感じ。東京都で一番高い山に登ることができたのだ。普通は一泊二日のコースなのだが、地の利で、奥多摩駅から鴨沢バス停へ七時ごろ取り付けるのでピストンすれば日帰りできるのだ。しかし流石に登山初心者には大変な行程だった。

山頂は強風できれいに雲が吹き払われて、富士山、丹沢山塊、南アルプスまではっきり見えて素晴らしい眺望に感激。周りは亜高山帯の植物群で登山の醍醐味を味わった。案内してくれたUさんはもう何回も登っているので、「夏のお花畑がきれいなんだよ」って話してくれた。

山は登った分だけ下らなくちゃ。黙々と歩いて下り四時間、ほんとに良く頑張りました。

その他奥多摩には、日帰りできる魅力的な山がいっぱいだ。御前山（１４０５m）、日の出山（９０２m）、ソバツブ山（１４７３m）、天目山（１５７５m）、高水三山、棒の折山（９６９m）、三頭山（１５３１m）、六つ石山（１４７９m）、鷹ノ巣山（１７３７m）などなど。

奥多摩から遠出の山に向かう

那須連山　昭和58年10月22日～23日（昭島市ラテルネクラブ主催）　6名

当時登山ブームの到来で、隣の昭島市で活動していたラテルネクラブが広域に募集していた市民登山に応募。初めての宿泊登山。

十月二十二日　茶臼岳

東北自動車道を那須インターで下り、ロープウェイ那須山麓駅までの美しい高原道路を右、左と目を移しながらバスの旅は終わる。ロープウェイの全容が下から眺望できる、素晴らしい景観。五分後には山頂駅に到着。かなり寒い。霧も出てきた。適当な場所に陣取って昼食をすませて、茶臼岳目指して出発したのが丁度十二時。食事の後の急登で、砂地に足を取られながらあえぎあえぎ登った。

だんだん遅速の差がついて、吾等初心者グループは最後尾で茶臼岳（１８９７・６ｍ）に到達。噴煙けぶる茶臼を巡って峰の茶屋に降りて行く。三斗小屋の温泉大里屋旅館へ二時半ごろ到着。無事初日のコースを終えた。

十月二十三日　朝日岳　三本槍岳

天気は曇り空。旅館の前の広場で準備体操の後、今日のコースに向かって出発。いきなりの急登が続く。霧が顔に降りかかり、熊笹の葉っぱが頬っぺたを叩く。天気はどんどん悪くなっていく様相だ。しかし、先頭は黙々と歩を進めて行く。朝日岳の肩で荷物を置き、身軽になって朝日岳（１８９６ｍ）の頂上を目指す。

もう見晴らしは諦めていたのに、何と何と頂上に登り詰めた頃、霧がどんどん上昇。霧の切れ目から視界が開けていくではないか。これはなんか神がかりにあったよう。その上ブロッケン現象まで展開されたではないか。神秘的な自然現象にみんな声もなく立ち尽くした感激の数分。これぞ山登りの醍醐味というものだ。

朝日岳を後にして清水平を経て三本槍岳に向かう。また霧に悩まされながら、三本槍岳頂上（１９１６・９ｍ）に立つ。霧氷が美しい。残念ながら視界は全くなかったが、那須連山の最高峰に登ることができた。

十二時前には北温泉に向かって下山。温泉に近づくにつれ、紅葉の美しさが目を楽しませてくれる。一時二十分ごろ北温泉に着き、温泉につかり温かいおうどんを頂き、大名登山は終わった。初めての本格的登山は、ラテルネクラブの皆さんの企画と誘導のお陰で体験できた。

宝剣岳、木曽駒ヶ岳　昭和59年9月23日～24日（昭島市ラテルネクラブ主催）　4名

九月二十三日　宝剣岳

昭島からのバスは駒ヶ根市の菅の台まで。ここで山岳バスに乗り換えて、しらび平までの三十分間は狭い曲がりくねった山道で、バスは半分近く車体を崖っぷちからはみ出す感じでスリル満点だ。しらび平からロープウェイで千畳敷まで十分の乗車で２６００ｍの標高まで運ばれた。

千畳敷のカールでゆっくり昼食後、宝剣山荘を目指して出発。急に２０００ｍ余の高所に立ち、軽い高山病か、頭痛と吐き気に悩まされながら山荘に到着。三十分後、身軽になって宝剣岳に向かう。

岩場、鎖場、順序良く足を運ばないと踏みかえなければならない危険な場所もあって、

やっとの思いで宝剣岳（２９３１ｍ）山頂に辿り着いたが、一人立てばいっぱいでまさに剣先だ。岸壁にへばりついて写真を撮ったりして同じ道を引き返す。夕食前に前岳まで登って来る。夕食後のミーティングで経験豊富な会員のエピソードなどうかがって歓談。

九月二十四日　木曽駒ヶ岳

こんな日はめったにないという程に晴れ上がって、木曽駒ヶ岳（２９５６ｍ）の山頂に立った。まさに三百六十度の展望。北アルプス連峰、立山連峰、南アルプス連峰、八ヶ岳とぐるり一回り、御嶽山もほんに目の前に聳《そび》え立つ。雲一つなく見渡せたのは壮観だった。これこそ幸運に尽きる登山で醍醐味を味わった。

濃ケ池まで宝剣岳を振り返りしながら下山。ハイマツの緑とナナカマドの鮮やかな紅葉のコントラストが、何とも言えず美しい。大正二年八月、中箕輪高等小学校の校長以下十名の生徒の遭難慰霊碑に頭を垂れ、なお下る。胸突きの頭から大樽の小屋まで尾根道の下り坂の長いこと、膝がくがくだった。林道に出てバス駐車場までの道程は最後の試練だった。

大菩薩峠から丹波へ　昭和61年10月19日　9名

天気は最高の出だし、塩山駅からタクシーに分乗して長兵衛山荘まで一気に辿り着く。流石ここまで来ると、霜が真っ白に降りて寒かった。

福ちゃん山荘から急登唐松尾根を一気に登る。急坂を立ち止まって振り返ると、御坂山塊に富士山がくっきり浮かび、右手遥かに南アルプスの雄姿も見える。大菩薩嶺（２０５７ｍ）に到着。ここ自体は見通しがきかない。

中里介山の〝大菩薩峠〟の舞台になった賽《さい》の河原など通り抜け、峠に着いたころ、天気が急変。今までの日本晴れが雪混じりの風が吹き出し慌てて下山開始。これだから山は怖い。途中山路工事のため何度か迂回路を登ったり下ったりして、かなりロスタイムに遭う。霰《あられ》が降ったり麓近くになると雨になったりで、天気の変化に遭遇した山行だった。丹波からタクシーに分乗して奥多摩駅に着いたのが六時。安堵した。

富士山（3776m）昭和62年8月1日～2日　4名

一度は登りたい富士山に挑んだ。朝日旅行会のツアーに参加。立川駅を午後八時に出発。富士五合目に十一時に着き、夜中懐中電灯を手にぞろぞろと登山開始。前も後ろも人、人。八合目近く、ついに渋滞となり前に進めなくなった。話には聞いていたがこれが実体験。睡魔と疲労、気圧のせいでどんどん胸苦しくなる。頂上でご来光とはとても無理だ。八合目を過ぎたあたりで雲海から後光がさして、神秘的な日の出を一人で拝む（もう同道した友だちとははぐれてしまった）。

たちまちあたりが明るくなって見上げれば頂上はまだ遥か上、息苦しくて足は重く、三歩進んでは立ち止まる状態で、もう諦めて下山しようかと何度も思ったが、ここまで来てという思いで、下山時間を計りながら最後の力をふり絞る。

やっと辿り着いた浅間大社の御朱印とお守り札を手にして、たった五分間の山頂滞在で下山開始。時間までに集合場所まで戻らなければと、新下山道を砂ぼこりにまみれて黙々と下山。達成感のない苦い登山だった。仲間と頂上で「やったー」と握手できなかったことが一番心残りだった。富士山は登る山ではなく、眺めて楽しむ山だとつくづく思った。

鳳凰三山縦走　昭和62年10月2日〜3日　4名

十月二日　南小屋まで

朝食持参の早立ちは久しぶり。中央線の電車の中で食事をとり、甲府駅に下り立つと、いっぱしの登山家気分でタクシーの呼び込みに応じた。走ること一時間、夜叉神峠登山口で車を捨て、すぐ登山道に入る。

コースタイムを二十五分もオーバーして、夜叉神峠に辿り着く。白峰三山（北岳、間ノ岳、農鳥岳）が眼前に広がる素晴らしい眺めだ。すでに標高１７６０ｍだから高山植物帯だ。だんだん足取りも重く、リーダーのＵさん以外の三人は登山経験も浅くて、コースタイムを徐々に上回っていく。

予定の薬師小屋泊まりを諦めて、南小屋泊まりに変更して三時近くに到着。ストーブが焚かれ、流石にここは２４３０ｍなんだ。泊まりは我々四人だけだったので、毛布は何枚使っても良いのだが、すり切れた毛布で、何枚重ねても温かくならず参った。

十月三日　薬師岳　観音岳　地蔵岳

眠れない夜明け、懐中電灯を頼りに歯磨き、洗顔（水だけは豊富だ）。朝食を五時半に済ませ早々に出発。

最初から急登できつい。シラビソの森林地帯が切れたあたりで振り返ると、富士山が雲の上に浮かび重なる山々が何とも雄大だ。砂払岳頂上には巨岩が並び、北岳が眼前に迫った感じで手の届きそうな位置に聳えていたのにただただ感激。

岩道を十分ほど進むと薬師小屋に到着。足を止めずに薬師岳（２７８０ｍ）頂上を目指す。白砂のザレ場を強風に吹き飛ばされそうになりながら登る。北岳がなお真近に迫って、甲斐駒も近づいた。観音岳（２８４０・９ｍ）稜線を北に進む。白鳳三山、甲斐駒、千丈、前方近くに地蔵岳のオベリスクと、最大級のパノラマが展開し圧倒される。

景色を堪能した後、ハイマツの中を下って賽の川原に出る。後は鳳凰小屋へ向かい下り専門だ。あたり一面紅葉の中を下山、下山。御座石鉱泉に着いて風呂につかり、宿のマイクロバスで穴山駅まで送ってもらい帰途に就く。穴山駅から遥か遠くオベリスクが見えて、感慨一入《ひとしお》。

丹沢縦走　昭和63年5月30日〜31日　3名

五月三十日　塔ノ岳　尊仏小屋

丹沢山塊を登るのは初めてだ。雨後のため、登るにつれ赤茶けた火山灰が滑って歩きにくい。ブナの原生林を抜けて塔ヶ岳（1490・9m）への最後の登りがほんとにきつかった。

尊仏小屋前で遅い昼食を摂りながら空模様とにらめっこ。とうとう霧雨が降り出し、予定の丹沢山まではとても無理と諦めて時間が早いが小屋入り。まもなく土砂降りとなり、「先を急がなくて良かったね」とホッとする。水のない小屋で手持ちの水とレトルト食品で夕食を済ませ、歯磨きもコップ一杯の水で。

五月三十一日　丹沢山　蛭ヶ岳

四時五十分、山荘の横手を一旦下って、八潮ツツジ満開の尾根道を歓声をあげながら進んで行く。竜が馬場に辿り着いて、開けた草原に鹿が点在しているのを見付けてまた歓声。丹沢山（1567m）に着いたのが六時十五分、ここで朝食を摂る。

鬼が岩を経て丹沢山塊の最高峰蛭ヶ岳（１６７２ｍ）に到着したが、生憎雲が低く眺望はきかなかった。野生の鹿がすぐそばに近づいて餌を要求してくる。

下り道はスズタケの中をヤブコギするようだった。小さな登り下りを繰り返して地蔵平を過ぎると間もなく、原子屋平に着く。ここから少し登ると、丹沢では珍しいカラ松林が美しい姫次で東海道自然歩道で歩きやすい道になった。水場口で昼食を摂り、最後の下りで無事終了。

瑞牆山（２２３０ｍ）昭和63年6月14日　8名

これは大名登山だった。瑞牆山麓の山荘を通り越し林道の終点まで、知人の車に運んでもらい、軽装備で登山開始。奥多摩の山とは植物群も違って、秩父多摩国立公園最西方に位置する山だ。目指す山の異様な姿が見えた時は吃驚！　今まで見たこともない岩石の塊だ。妙義山を思い出す。急峻な大きな岩石の立ち並ぶゴツゴツ道だ。登りながらも右左に目をやれば、今を盛りとシャクナゲの花いっぱいで疲れも忘れる。二時間半程で頂上に到達。大きな岩峰に立って下を見れば足もすくむ絶壁だ。金峰山が手の届きそうな位置に迫っている。

残念ながら雲が厚くなって秩父の山々や、富士山、南アルプス、八ヶ岳は展望できなかった。雲行きが怪しくなって急いで下山。登りも下りもシャクナゲの花を満喫して、下りれば車が待っているという大名登山だった。

八ヶ岳縦走　昭和63年8月2日〜3日　5名

八月二日　根石岳　根石山荘泊まり

茅野駅からタクシーに分乗して渋の湯まで。

梅雨明け宣言発表まで待ってからと予定を二日も遅らせたのに、不安を感じさせる雲行きだ。

登山開始の頃にはとうとう降り出して、最初から雨具をつけて登りについたが、着ぶくれで動きは鈍く、蒸し暑いのでどんどん体力消耗、十五分おきくらいに休憩をとる始末。これでは大幅に時間オーバーで黒百合平にお昼到着はおぼつかなくなって、途中で昼食を摂る。

霧雨は止むともなく降り続いて、黒百合平に着いたのが一時半を過ぎていた。東天狗岳を経て、西天天狗岳へのピストンは断念して先を急いだが、根石岳（２６０３ｍ）に着いたのが五時近くになってしまい、予定していた夏沢峠までは到底無理と根石山荘に飛び込み泊まり。飛び込みなので夕食はなく、それぞれに手持ちの食料で済ませたが、余りの疲労で食欲もなく、同宿した中学生二十名程のお喋りが何時までも続くので、眠られない。吾メンバーのＫさんの一喝「あなたたちいい加減になさい！　お喋りしたい人は下に行ってなさい。他人に迷惑をかけていいんですか」。流石現職の先生。これで静かになったが、熟睡はできなかった。

八月三日　硫黄岳　横岳　赤岳

雨は止んでいる。日の出が見られそうと喜んだのだがこの一時だけで、また雨雲が重く垂れ込めて絶え間なく霧が湧いてくるのにはがっかり。ただ、山荘の脇の石ころの原っぱにはコマ草が群生していて、「ああ、この花が見られただけでも」と慰めあう。

夏沢峠まで四十分程だった。天気さえ良ければなんでもない道程なのに、この分では今日の予定も変更せざるを得ない。硫黄岳への道も、頂上も、見通しも眺望もきかず、霧の中を足元のコマ草、チョウノスケ草、ヤシマキキョウ、ミヤマシオガマ、シナノキンバイ、ウスユキ草など可憐な花を愛でながら黙々と歩く。横岳（２８２９ｍ）も視界ゼロ。とにかく足元が見えるだけだから、足のすくむような赤岳へのやせ尾根も平気で歩けたのかもしれない。鎖とハシゴの連続で、ちょっと足を滑らせたら転落といった感じだったのではないかと思う。

赤岳（２８９９・２ｍ）への最後の登りは、七十五度の赤石の一枚岩を、足の止め場所に気を配りながら這って登るという必死の登頂だった。着いた途端にリュックサックを投げ出し、地面に大の字になってしばし死に体。

頂上で三百六十度の展望はおろか、ただ赤岳に登りましただけの記憶で下山。阿弥陀岳へのピストン予定も諦めて、下山を急ぐ。行者小屋から美濃戸山荘までの長い長い道程を、気象条件が悪かったとはいえ、ちょっと無理な登山計画だったかなと思いながら下った。

甲斐駒ヶ岳、千丈岳　平成3年8月13日～15日　10名

八月十三日　仙水小屋まで

甲府駅よりタクシーに分乗して広河原まで。ここはもう南アルプスの眼下で、色とりど

りのテントが張られキャンパーたちで賑わっていた。広河原から村営バスにて南アルプススーパー林道を北沢峠に向かって走ること三十分ほど、長野県側の長谷村からなら一時間はかかるのに半分ほどで到着した。

北沢峠から仙水小屋までだらだら登りを一時間余りかけてやっと辿り着く。小屋は超満員、夕食に刺身など出て驚きだったが、この人数、どうやって寝るのかと思っていたら、壁際に一列に並ばせそのままの位置で横になるように指導された。まるでオイルサーディンだ。まあ仕方ない、シーズンでもあり、みんな山に登りたいんだから。ほとんど眠られず。

八月十四日　甲斐駒ヶ岳　長兵衛山荘泊まり

朝五時、手探りで荷物をまとめ、余分な物は小屋に預けアタックザックで身軽になって出発。仙水峠に着く頃、明るくなってきた。眼前に摩利支天が聳えていて、あそこまで登るのかと身が引き締まる。駒津峰への登りは標高差５００ｍあり、展望のない原生林の中を黙々と頑張る。

ダケカンバ帯になり、ハイマツ帯に変わるとやっと駒津峰に着く。全体が白く美しい黒雲母花崗岩で、六法石あたりは巨大な岩石がニョキニョキ立っている。眼前には雄壮な甲斐駒ヶ岳（２９６７ｍ）が聳えている。

頂上には九時到達。感激の一瞬だ。不動明王が祀られ一等三角点がある。鳳凰三山、富士山、北岳、千丈岳、南ア、北ア、八ヶ岳を堪能して下りに着く。ダケカンバの林立するザレ場を鞍部まで降り、摩利支天へ一気に登る。意味不明の石碑と鉄製のヤリ状の物が飾られていて、宗教的な雰囲気だ。ここから見た甲斐駒は切り立つ岩峰で人を寄せ付けない厳しい姿だった。

下りは、駒津峰から仙水峠まで同じ道を下った。仙水峠で昼食。小屋に戻ったのは一二時半頃。アルプスの雪解け水が美味しいと充分に飲んで、預けた荷物を受け取り、日盛りの道を下って長衛山荘に向かう。仙水小屋より増しな寝床が得られて、早々に眠りに就く。明日も早いぞー。

八月十五日　仙丈岳　下山後実家へ

四時前、そっと山荘を抜け出し、広場で準備運動の後出発。まだ暗い山道を一時間二十分程で大滝の頭に着き、ここで朝食を摂る。小仙丈の肩あたり、先頭に付いて行くのが精一杯で遅れがちになる。時々立ち止まっては振り返り、昨日登った甲斐駒の偉容が目に飛び込んで勇気付けられる。小千丈から千丈岳までは、なだらかで歩きやすいのだがなんとも長く遠かった。甲斐駒に比べ女性的で美しい山容が目前にせまって、最後の急登で仙丈岳（３０３２・７ｍ）に辿り着く。さっきまでの苦しさなど吹き飛んでしまう一瞬だ。

　雲海をバックに晴ればれした顔の全員の写真を撮ってしばし休憩。下山は馬の背分岐からヒュッテまで急なザレ場を左右の花を愛でながら下る。藪沢小屋あたりはトリカブトの花の群生が目を奪う。

　バスの時間を計りながら一気に北沢峠に着いた。ここで同行した皆さんと別れ、私だけ長野県側行きのバスで伊那駅に着き飯田線にて実家へ。お盆で親族皆集まっていて出迎えてくれた。玄関に脱ぎすてられた登山靴を見て、年が「ごっつい靴だなあ」と笑った。

安達太良山、磐梯山　平成4年10月4日〜6日　6名

十月四日　くろがね小屋泊まり

　新宿から黒磯号にて二本松駅に降り立った。タクシーに分乗して奥岳へ。そこからくろがね小屋に向かう。朝から心配していた空模様だったが、途中からとうとう降り出し、小

屋に着く頃はかなりの雨脚になった。

十月五日　安達太良山　裏磐梯国民宿舎へ

夜中降り続いた雨は朝になっても止むことはなかったが、予定通り出発した。植物限界を過ぎる頃から雨も上がってきて、頂上に着いた時は、雲の動きが速くなり、どんどん晴れ上がっていく様子にホッとする。地図上では箕輪山、鉄山、和尚山など広い丘陵の起伏中に連なっている中央円錐峰が安達太良山（１６９９・６ｍ）となっていて、俗に乳首山と言われなんとも微笑ましい山だった。ただ智恵子抄で有名な安達太良山は広陵全体を指していて、遠くから眺めると堂々とした山容なのだ。

吹きさらしの馬の背を越え、鉄山、箕輪山、鬼面山を経て土湯峠への下山道に入った。ここからの眺めは息をのむ程の綾錦の絨毯、筆舌に尽くし難しとはこのことと思う。パチリパチリとシャッターを切りながら、身も心も染まりそうな紅黄葉の中を歩いて野地温泉に着いたのが二時頃。そこからタクシーで五十分程の裏磐梯国民宿舎に到着。夕食までの時間、五色沼自然探勝路を散策し、桧原湖畔の磐梯高原駅からバスで宿舎に戻る。

十月六日　磐梯山

ゴールドライン八方台までタクシーで行き、登山道入り口に着いたのが八時ごろだった。中の湯までは緩やかな登り、中の湯から足元に口を開ける火口壁の淵を辿ると急登となり、樹林帯から笹の原っぱが広がってくると弘法清水に着く。ここから一登りすると、磐梯山（１８１８・６ｍ）の頂上だった。足元は猪連山、日光連山まで三六〇度の展望に歓声。

下山は表登山道口へのコースを取る。急峻な斜面は絶壁をなす岩石の連続で、火山の爆発の威力を表している。紅葉もまた美しい。猪苗代駅から磐梯西線で郡山に出て帰宅。目も眩む様な紅葉の連山が脳裏に焼き付いた山行だった。

立山、剣岳　平成5年7月25日〜28日　8名

七月二十五日

知らぬが仏というか、怖いもの知らずというか、とうとう天下の名峰、名だたる難度の剣岳に挑むことになる。夜行バスにて富山駅に向かう。

七月二十六日　雄山　剣沢小屋泊まり

早朝富山駅に着き、室堂行きの一番バスに乗り込んだが、暗雲が垂れ込めていて、浮き浮きした気分ではなかった。富山平野を抜けて山路に差し掛かるころは、天気も回復の兆しが見えて一安心。室堂に着いて遅い朝食を摂り、前面に立ちはだかる雄山を目指して登山開始。

一の越山荘に着き、コースタイムより二十分遅れを確かめてまあ何とか行けそうだという気持ちになった。雄山神社（３０３０ｍ）に十三時辿り着いた。霧が立ち込めていて気温もグーンと下がって寒い。大勢の登山者で座る場所をやっと確保して昼食。再びは来られない雄山神社の御朱印を頂いて出発。

富士ノ折立から真砂岳に向かう途中、雷鳥の走り回るのを見ながらルンルン気分で下り坂をかなり下った所で、間違いに気付き引き返す。内蔵助カールあたりは幾つもの杣道《そまみち》があって、迷い込みそうで不安だった。剣沢小屋が遥か下方に見えてホッとしながらも、道は長かった。

雪原にテントを張ったキャンプ場を横切って剣沢小屋に辿り着いたのは五時三十五分。シャワーが使えるのがなんとも贅沢な気分。外は風雨が強くなっていた。明日のコースが心配だ。

七月二十七日　剣岳　雷鳥荘泊まり

昨夜より大分治まったとは言え、雨風は止みそうになかった。剣岳を眼前にしながら引き返すのは何とも残念と、早朝からメンバー全員で話し合い。「無理しない方が良い」「行かれる処まで行こう」の意見に二分された。兎に角食事をして、身支度をして剣山荘まで行って様子を見ることにし、決して無理をしないという約束のもとで出発。雪渓を渡るあたりでは雨脚が強くなり、お互いに声を掛け合ってゆっくり歩を進める。山荘に着く頃には雨が止んで雨具を脱いで身軽になり、一服剣下分岐点まで行き着いた。嬉しいことに天気は徐々に回復してきそうだ。重たいリュックをほかして前剣までは行けそうだ。

流石に天下の剣岳だ。一歩一歩慎重に足を運ぶ。一歩踏み外したら雪渓の谷底へ滑り落ちる。一時間余り緊張の登りで、やっと前剣に辿り着く。「天気が心配だから、前剣で引き返す」という約束で登ったものだから、「やったー！」という満足感はない。眼前に剣岳を仰いで、その上どんどん登って行く人たちを見て、「ここまでよ」と引き返すのは何とも悔しい思いが皆の気持ちになった。

中学生くらいの子供を連れた夫婦が、「えっ！　登らないんですか？　こんなに天気がいいのに、もったいない」と言いながら、我々を追い越して行った。その言葉がみんなの意思決定になって、「よし登ろう」と剣岳目指して再び登山開始。

先ず危険な岩場の降り。更に更に慎重に歩を進める。お互いに声を掛け合いながら、鎖場やハシゴの岩場を登って行く。

一時間三十分程で山頂（２９９８ｍ）に到達。今度こそ「やったー！」の満足感が沸々と湧いてくる。眺めは最高。能登半島、立山や大日岳、後立山連峰と圧巻だ。この景色と登頂の達成感を得るために、苦しい登坂を続けるのだと実感。

二十分余り感動を分け合って下山開始。降りは更に危険だ。慎重に足場を確保して一歩一歩が緊張の連続だった。一服剣から剣御前小屋までの長い道程。足幅の狭い雪渓のトラバースは、ちょっとよそ見などして足を踏み外したら何百ｍもの雪渓を滑り落ちて谷底へと、想像しただけで身の縮む思いだ。雷鳥平までは皆の後を必死に追ったが、雷鳥荘へ辿り着くのに精も根も尽きた感じで、日頃の鍛錬の差が表れたかとすっかりしょげかえってしんがりで宿に辿り着いた。

七月二十八日　観光を兼ねて帰路

いよいよ最終日。昨日までの過酷な行程と違い、今日は立山黒部アルペンルートの観光をしながら帰路に着く。最大の見せ場、黒部ダムの堰堤からの放水の豪快さに歓声を上げ山峡に見える剣岳をもう一回写真に収めて。

トロリーバスにて扇沢駅まで、また乗り換えて大町駅行き路線バスに乗る。車内は夏山を満喫した山男、山女でぎっしり。大町駅から大糸線にて松本に出て帰る。

前穂高岳、奥穂高岳　平成6年7月24日〜25日　5名

七月二十四日　上高地入り岳沢ヒュッテ泊まり

いよいよ憧れの天下の名峰穂高岳に挑むことになり、五人パーティーで上高地入りした。十一時二十分、早速、岳沢登山口に取りついて登山開始。今日は岳沢ヒュッテ泊まりなので、明日に備えて森林内の登山道をゆっくり登って行く。「天然クーラー」と名付けられた風穴があり、冷気を浴びて疲れを癒す。ガレ場が出てきて長丁場の五時間がかりでやっとヒュッテに到着した。いっぱしのアルピニストになった気分で、年期の入った小屋を物珍

しく眺めまわし、熊の毛皮を張ってある壁など見て、ああ北アルプスの山小屋に居るんだと実感した。

七月二十五日　前穂高　奥穂高　穂高山荘泊まり

ヒュッテを六時に出発し、重太郎新道を妃美子平に向かう。むき出しの岩場が多い急登が続いて、ハシゴや鎖が設けられた斜面を進んで行く。紀美子平に着くころは森林限界を越え岩稜帯の景観が広がる。紀美子平は、新道を開いた今田重太郎さんが娘の紀美子を遊ばせていたことからこの名がついたと言われている。

紀美子平に重いザックを下ろし、軽装で前穂高に挑む。マーキングされた目印に従って落石に注意しながらゆっくり登る。頂上（３０９０ｍ）に着いて、みんなの満足気な顔をカメラに収めて、眼前に広がるパノラマを堪能した。

紀美子平に戻り、昼食を摂り、十二時頃いよいよ奥穂目指して出発。岳沢側に切り立った吊り尾根を一列に並んで歩き、長い鎖が掛かった一枚岩を登りきって、奥穂への登り口に到達。３０００ｍを超える高所での急登に息が上がってしまう。

一時間半かけて奥穂高岳（３１９０ｍ）に登頂。山頂は意外に広く、三つの尾根の集合した中心はまさに穂高の王様だ。とうとう穂高岳に登れた喜びは、山頂での全員の写真の満足顔に表れている。雲海にうずもれて、前穂で見えた槍ヶ岳の先鋒は見られなかった。

四十分ほど山頂を楽しんで、穂高山荘に宿をとる。天空の山小屋と呼ばれ（２００８年に八十五周年を迎えた小屋だと言う。３０００ｍを超える山の頂にこんなにも完備した小屋があるお陰で、我々のような素人のおばさんまでがこんな名峰に登ることができて感謝感激である。

七月二十六日　下山後帰路

帰路も長丁場だ。穂高山荘を五時四十分に出発。唐沢小屋に降りる道はいきなりのハシゴで登るより怖いのでゆっくり慎重に降りて行く。二時間四十分かけて涸沢小屋に辿り着き、見上げればまるで垂直のような道だった。

本谷橋を経て横尾に着く。徳澤、明神、上高地と梓川の流れに沿った上高地自然探勝路は歩き易い道だが兎に角長い。二日間過酷な登山の後、下山も六時間歩き通しでもうへとへと。気力で歩き二時過ぎ上高地に着き、坂巻温泉で一風呂浴びてやっと人心地がついた。後は乗り物の旅で我が家に着いたのは十時半。

谷川岳（1977m）平成6年8月27日　5名

谷川岳は怖い山という先入観があったが、今ではロープウェイの開通で日帰りできる山だと誘われて、朝五時、八高線、上越線と乗り継いで土合の駅に降り立った。これが「モグラ駅」かと興味津々に四八六段の階段を登って行く。ロープウェイの乗車口へは九時半ごろ着いて、天神平まで一気に１３００m上がる。

天神尾根のトラバース道に入り、木道を歩き、尾根筋を熊穴沢の頭避難小屋まではどうにかコースタイムで歩けたが、先は勾配がきつくてあえぎながら樹林帯を抜けると、西黒尾根の展望が開けてホット一息。

えぐられた道をジグザグに登ると肩の広場に着いて、あと一息で頂上だ。谷川連峰、苗場山、燧ケ岳が展望できるはずだが、生憎の曇り空で雲海だ。

遅い昼食を摂り、下山は西黒尾根を下る。急坂が続いてラクダのコルに着くころはとうとう降り出した。岩場と鎖場の連続で慎重に降りるので、大幅に時間を取られ、土合駅に着いたのが五時五十分。また電車を乗り継いで帰着したのは十一時を過ぎていた。やっぱり大変な山なんだ。

栗駒山、岩手山、早池峰山　平成6年10月6日〜10日　6名

十月七日　栗駒山　盛岡滝沢泊まり

夜行バスにて一ノ関駅到着が早朝四時四十五分。タクシーに分乗して須川温泉へ。須川温泉から散策道を登り、名残ヶ原の湿原に出た。前方に栗駒山がどっしりと構えている。笊森方面への分岐を右に進んで、昭和湖（昭和十九年の爆裂でできた、コバルトブルーの小さな湖）のほとりを過ぎ、栗駒山（１６２７・４ｍ）の頂上に着く。ハイマツの間の灌木が赤や黄色に染まって美しい眺めだ。頂上からは岩手山、早池峰山、鳥海山、月山が望まれるはずだが、生憎の薄曇りで遠望はきかなかった。

帰りは笊森分岐を通り自然観察路の木道をのんびり歩いて須川温泉に戻る。一ノ関から盛岡に向かい滝沢に宿をとる。

十月八日　岩手山　小田越山荘泊まり

宿出発五時。柳沢口登山道入り口から馬返しには五時四十分ごろ到着。ミズナラの林が続いて火山礫の斜面に出ると、開けた平野に出るが、また林の中を進むと二合目あたりからダケカンバの多い急坂になった。だいたい三十分間隔の場所に何合目と標識が立っていて、励みになる。不動平避難小屋に着き、あと一息と火山礫の外輪山に出て、時計回りに進んで岩手山（２０３８・２ｍ）「薬師岳」到達。眼下に盛岡市街地や八幡平連山が展望できた。

風が強くてあたり一面埃っぽく、早々にお鉢を巡って不動平に戻った。下山は同じ道を辿る。盛岡から眺めると威風堂々とした姿だが、山頂は火山礫の荒涼とした山だった。

十月九日　早池峰山　下山後帰路

早池峰山は遠野物語に多く綴られ、なんとなく神秘的な山と憧れていた。こうした自分のイメージを確かめる登山にワクワクしていた。宿出発が五時、小田越えが六時だった。アオモリトドマツの樹林帯を抜けると高山植物の花期が過ぎた残骸が目立ち、低木の紅葉が美しい。

五合目御金蔵を過ぎると、天狗の滑り台と言われる鉄ハシゴのある鎖場だ。その後も巨岩帯が続いて剣ヶ峰の分岐に出る。早池峰山頂（１９１３・６ｍ）に到着八時半だった。やっぱり信仰の厚い山らしく、色んな塔婆が立っていた。頂上に避難小屋があるのも珍しい。早池峰神社奥宮の小祠など、雑然とした感じで山のイメージは意外だった。生憎の曇天で眺望はきかず失望の山だった。

下山は蛇紋岩のゴロゴロする急峻な道を下るのだが、固有種のハヤチネウスユキソウは花期を終わって残骸すらも解らない。低灌木が山の南面に張り付いて赤や黄色に染まって美しい。コメガモリ沢に沿って亜高山樹林帯を抜けると川原坊に到着。ビジターセンターからタクシーにて花巻駅近くの温泉で汗を流し、新幹線にて帰宅の途に就く。

乗鞍岳（3026・3m） 平成7年9月1日〜2日　８名

新宿発の夜行列車で松本へ朝四時四十五分に到着。タクシーに分乗して畳平まで。すでに標高２７００ｍ。手軽に登れる山だが、夜行日帰りの日程で車酔いと高山病で山頂に行き着いたのか記憶も定かでない最悪の山行だった。

鳥海山、月山、蔵王　平成8年8月5日〜8日　4名

八月五日　吹浦鉾立山荘泊まり

八高線、上越線、北陸本線、羽越本線と鈍行列車を乗り継いで吹浦駅に辿り着く。主婦四人の気ままな旅から始まる。タクシーで鉾立山荘に着く。夏の日はまだあって、日本海に沈む夕日が見られるかと期待していたが、水平線を覆う雲の中に入ってしまい、残念。

消灯時間九時前に床に就く。明日の朝は早い。

八月六日　鳥海新山　鶴岡ビジネスホテル泊まり

朝四時前に出発。電灯で足元を照らしながら、登山道入り口。秋田県と山形県の県境を越えて、石畳で整備された道を登って行く。賽の河原に着く前に雪渓があり、早朝なので、表面が凍り付いていていて危険だ。張られたロープを頼りに、靴のつま先でけりながら慎重に登って行く。

御浜小屋まで何回も休憩を取りながらコースタイム二十分オーバーで着き、鳥海湖を見

下ろしながら朝食を食べる。小屋から尾浜神社までちょっと下って、七五三掛分岐まで長い登り坂が続き、分岐から千蛇谷へ急降下するとまた雪渓が待っていた。表面が溶けてきたので、ガラ場の道を歩くよりずっと楽だったが、雪渓が切れてからだらだら続く登りが大変だった。

好天にさらされながらやっとの思いで大物忌神社御本社に着く。神社横の岩場をよじ登って新山（２２３６ｍ）に到着。秋田、山形の県境に位置し、日本海の海岸から一挙に立ち上がった独立峰。山麓一帯は豊かな自然に恵まれて、昔から信仰の山でこの地方の守護神だ。

下山はアザミ坂と言われる程、鳥海アザミが咲き乱れる湯の台コースを取る。急降下の後大雪渓が続く。恐る恐る雪渓に入り歩き馴れてくると、滑る感覚で足が進むのでコースタイムが短縮された。河原宿小屋で予約しておいたタクシーで酒田駅まで。今日は鶴岡泊まり。

八月七日　月山　山形滝山荘へ

宿から月山八合目までタクシーをとばす。ここはもう１３８０ｍあり肌寒い。ここで朝食。七時に登り開始。最初は木道が続く。阿弥陀原湿原は高山植物が多くお花畑だ。仏生池小屋に着いた時、眼前に広がる山が頂上かと思えばそれはオモワシ山で、左から巻いて登るダラダラ坂が意外ときつい。振り返ると尾瀬ヶ原のような感じで池塘《ちとう》が光る。

頂上（1984m）は広々とした高原状で、月山神社の奥宮があり、お参りをしようと細長く囲われた入り口に入って行くと、大勢の信者が出迎えるようにして「お祓い料五〇〇円です」と立ちはだかった。自由に参詣できると思っていたので、ちょっと吃驚。

下山は姥ヶ岳を右手に見ながら、リフト乗り場まで一時間二十分。リフトは、山麓駅まで約十五分ほどあり爽快感満点を楽しんだ。タクシー、バスを乗り継いで山形駅へ。竜山荘泊まり。

八月八日　蔵王　下山後帰路

蔵王山麓駅ですでに855m、頂上へは一気に806mも上がるので、ヒンヤリした空気が窓から入り込む。冬のスキーコースを下に見ながらの上昇は素晴らしい眺望だ。

山頂駅から一分程の地蔵尊を拝し、地蔵山を経て熊野岳（1840・5m）に向かう。頂上は広々とした外輪山で、馬の背を御釜まで近づいて覗き込む。このあたりからコマクサがあちこちに見られ、避難小屋から追分あたりまでピンクに染まる程の群生に息をのむ。嶽々温泉の分岐で昼食。バスの時間に合わせて下山を急ぐ。嶽々温泉から白石駅へ。福島、黒磯を経て帰路。

天城山　平成9年5月12日　7名

八高線、横浜線、相模線、東海道線、伊東線と乗り継いで、最後はバスで高原ゴルフ場に着いたのが十時過ぎ。四時間半掛けてやっと登山口に着いた。馬酔木《あせび》の植え込みの美しさに歓声を上げながら、登山道に入って行く。馬酔木の花と新芽の美しい色合いに加えて、ケヤキ、カシの新緑、ヒメシャラのスベスベした茶色の幹、天に向かって広げたモスグリーンの新芽。何とも美しい山道だ。そしてミツバツツジも満開で飽きることのない華やかな山行で、万二郎岳には苦もなく着いた。奥多摩の山とは植生が異なって、海風にさらされているのでどの木も自然に思い通りに枝を伸ばしている。

ブナの原生林を抜けると馬酔木のトンネルだ。石楠立を過ぎた頃から、今度はシャクナゲの花が目を楽しませてくれる。万二郎岳（１４０５・６ｍ）に到着し、花に囲まれて昼食。時間があれば天城峠まで縦走したいところだが。

下山は急坂を下って、涸沢《からさわ》の分岐まで白シャクナゲの群生が続く道で、やがて地蔵堂分岐近くなるとヒメシャラの林。まっすぐに天をつくようにのびた素性の良い肌色の幹が林立している景色も、初めて見る。バス、電車の乗り継ぎで三時間余りの行程も苦にならない天城山山行だった。

鳥甲山、苗場山　平成9年7月3日〜5日　5名

七月三日　秋山郷　民宿出口屋まで

秋山郷で民宿を営む主の会が宿泊客を案内してくれる「宿六と鳥甲山に登る会」に誘われて、八高線、新幹線湯沢からバスで津南、小赤沢と乗り継いで秋山郷に入り、秘境の地を物珍しく散策し、今晩の宿、民宿出口屋へ。

七月四日　鳥甲山

百名山には入っていないが地元の有名な鳥甲山を目指して、総勢四十余名の大隊が五時

半出発。意気込んで中間あたりに位置して歩き始めたが、先頭は地元の若者、急ピッチで登るので、二十分もするともう付いて行かれなくなり、自分たちのペースで歩くことにして最後尾に付いた。体調の悪い仲間がいたので、休み休み登り、先頭とはかなり差がついて、心配した団長さんが、最後尾で追い立ててくれた。

カミナリ岩に辿り着き、カミソリの刃の様な岩の上を歩く時、下は断崖絶壁と言われたが、霧が一面にかかっていて恐怖心はなかった。頂上へ後わずかの坂がお花畑で、キスゲ、ウラジロ、ヨウラク、カラマツ草、ゴゼンタチバナ、ツマキリ草、イワカガミなど高山植物の花盛りで、しばし疲れを癒してくれる。

頂上に着いたのが十二時五分、皆に遅れること一時間とは！　用意してくれた根曲がり竹の子と鯖の味噌汁でやっと人心地がついた。下山も同じ道だったが、我々のペースで四時間かけて下り、主催者の待つ林道に辿り着いた。迷惑をかけて反省。

付記　今日の山行の唯一の収穫は、下山を始めて間もなく南斜面に見つけたシラネアオイの群生。みんなで歓声を上げてしまった。薄ピンクの大きな花は、正に高山植物の王様の貫禄。初めて目にしたので感激一入だった。今日の宿は民宿光栄荘だ。

七月五日　苗場山

光栄荘の車で苗場山登山口まで送ってもらう。三合目まで車が入るので随分助かる。昨日の疲れが残っているのか、四合目に着くまで何組かのパーティーに先を譲って、我々のペースで歩を進める。合目の標識がこまめに立っていて、その都度休憩を取りながらゆっくり登る。登るに連れ、根曲がり竹の林で目に付いた竹の子を採りながら登る。

八合目を過ぎて急坂を五分も登りきると、突然に視界が開けて尾瀬ヶ原の様な木道の湿原帯になった。和田分岐を過ぎて一旦樹林帯に入り、雪渓を渡ると頂上までは間もなくだった。苗場山頂（２１４４５・３ｍ）に十一時到着。台地状で湿原の中に池塘が点在していて、山という感じではなかった。

下り道も長かった。三時間余りで和田小屋に着き、林道に出てタクシーにて湯沢駅へ。高崎を経て帰宅。八時だった。

後立山連峰縦走　平成9年7月27日～31日　6名

七月二十七日　唐松岳　唐松山荘泊まり

白馬駅に下り立った時は霧雨。駅の構内は登山者でいっぱいだった。待合椅子で軽い朝食を摂り、バスに乗る。皆すでに目的に向かって発っていった後で、バスは我々だけだった。八方終点からゴンドラ乗り場まで十分程、避暑地らしい洒落た家の街並みの中を、駅に向かう。ゴンドラに乗るのに荷物の計量があった。一面霧の中を、リフトを二回乗り継いで第一ケルン標高1850mまで登ってしまう。

いよいよ登山開始。早速に高山植物のお花畑。シモツケソウ、フーロー、ハクサンイチゲ、コバイケイソウ、キヌガサソウ。降ったり止んだりの天気に雨具は離せなかった。雪渓近くの河原で昼食にしたが、雨の中で惨め。雷鳥親子と暫く並行して登って行く。なんとも可愛らしい。

丸山ケルンから一時間十分程で山荘までの道程が見えてきて、みんなの足取りが軽くなる。山荘に着いて手続きを済ませ一休みした後、身軽になって唐松岳（2696m）アタック。霧一面で全然見通しはきかなかったが、頂上の標識と共に感激の写真を撮り合って下山。

山荘に戻った時、ＮＨＫの「小さな旅」番組のスタッフが小屋に着き、私たちが荷物を背負って階段を登って行くシーンを撮らせてくれと言うので協力。九月十三日に放映とか。

七月二十九日　五竜岳　キレット小屋まで

六時半出発。三十分歩くと危険なキレットに差し掛かった。切り立つ渓谷の下の方は雲海で見えないので、恐怖心は幾らか薄らぐけれど、握りしめている鎖の杭が抜けたら、つかんでいる岩が崩れたらと想像すると、足がすくむ。一歩一歩慎重に足を運ぶ。岩場を過ぎて道はゆっくりした下りが続き、ちょっとした樹林帯が最低鞍部で、ここから緩やかな登りだ。

樹林を抜けてダケカンバやハイマツの中を登り、白岳の白い砂地をトラバースすると五竜山荘に着く。天気は一向に回復の兆しが見えず、雨具を外せない。先へ進むか、白岳まで戻って、遠見尾根を下って先の予定を中断するか選択を迫られる。兎に角腹ごしらえをと早お昼にして落ち着くと、欲が出て先へ進もうと全員一致した。

岩場のペンキマークを頼りに約一時間登り詰めて、五竜岳（２８１４ｍ）に到着。相変わらず見通しがきかず、頂上標識と共に記念撮影。先を急ぐためちょっとの休憩で下山。

急な斜面をジグザグに下って行くが、ザラメの様に滑りやすい。

やがて岩場の道。G5当たりのウルップソウの群生は、すでに盛りを過ぎていたが、厳しい道程の中でのお花畑にしばし慰められる。このあたりからクサリやハシゴの連続で緊張の解ける間がなく、北尾根の頭に着いた時はすでに四時近かった。時間的にはキレット小屋はもうすぐだと錯覚して地図を拡げて確かめたら、約半分の地点だった。

道はダラダラした下り坂でホッとした足取りで口の沢のコル。山の監視員の人が見回りに来て、後三十分ぐらいと教えてくれた。しかしそれから「三段登り」と呼ばれるクサリ場を登り、暫くするとまた岩峰を黒部側に回り込むようにして下って行く。そして最後の三メートルのハシゴを登り、岩峰の黒部側をクサリに頼ってトラバースすると、キレット小屋が見えてきてホッとする。丁度六時だった。コースタイムとしては七時間三十分程で、このぐらいはいつも歩いているので自信はあったが、危険な岩場、クサリ、ハシゴの連続で緊張が解けず、精神的な疲労でなかなか寝付かれなかった。

七月三十日　鹿島槍ヶ岳　爺が岳　種池山荘泊まり

今日も晴れそうになかった。キレット小屋の横手から垂直に切り立った岩のハシゴ、クサリに取りついて、鹿島槍ヶ岳へ登頂が始まった。一歩踏み外したら谷底へ、左右の足を踏み違えたら次の足のかけ場所がないという岩場を何度も越えて、一歩一歩頂上を目指す。八方キレットと呼ばれる難所だ。吊尾根の北方の付根にザックを置いて、身軽になって北峰へ往復して来る。頂上は相変わらず雨雲が立ち込めて見通せないが、写真に収めて今度は南峰に向かう。吊尾根の小さなピークを幾つか超え、浮石や落石に注意して急登を登る。とうとう辿り着いた。鹿島槍ヶ岳南峰（２８８９・１ｍ）。風が強く寒気さえする。征服した感激に何枚も写真を撮り、名残惜しくも先へ急ぐ。

布引山（２６８３ｍ）へは十一時過ぎに着いて、ここで昼食。ようやく薄日が差してきた。人の踏み込めない深い谷底に黒い点が動いているのが見えた。熊の親子が何か食べているらしい。

冷池小屋に向かって下降する道すがら、雨に濡れた衣類をザックにぶら下げて歩く仲間を見て大笑いする余裕も出てきた。小屋で小休止して、美しいハイマツ帯を過ぎ、爺が岳北峰は巻いて中峰の爺が岳（２６６９・８ｍ）に辿り着いた時は、思わず仲間同士で感激の涙を流した。後はルンルン気分で種池山荘まで下山、四時二十分到着。

七月三十一日　下山帰路

最後の日になってようやく晴れ上がり、下山する前に、少し高台に上がって昨日まで見られなかった鹿島槍や他の山容を思う存分眺め、カメラに収めて、六時半名残惜しんで下山開始。お花畑の道を下り切るとダケカンバの林を抜け長い長い下り坂。目前には、赤沢岳，スバリ岳、針ノ木岳、蓮華岳と三千メートル近い山並みが聳えていて、来年はあの山に登ろうなんて話しながら下って行く。

扇町のバス停で運よくタクシーが拾えて、七倉荘に乗り付けて、五日ぶりの入浴で人心地ついた。松本駅からゆっくり、のんびりの鈍行で帰路に着く。七時過ぎ帰宅。

会津駒ヶ岳　平成10年6月29日〜30日　5名

六月二十九日　駒の小屋まで

浅草から東武鉄道会津高原駅へ。ワゴン車で他の二グループと相乗りで登山口まで。身支度しているうちに降り出し、とうとう駒の小屋に着くまで雨具を脱げず、途中で昼食は立ち食いで。水場で水二リットルを補給して、四時過ぎ小屋に到着。明日は晴れますように！

六月三十日　会津駒ヶ岳　下山帰路

四時半、朝食前に中門岳と駒ヶ岳の登頂を目指す。お花畑の中を歩くこと小一時間で中門岳に到達。幻想的な風景だ。２０００ｍを超える高地に湿原と池塘は尾瀬ヶ原と同じだが、木道の脇は至る所に緑のカーペットが敷き詰められた様で、小さな池塘の周りにはハクサンコザクラが一面に咲き乱れてピンク色に染まっている。

二十分も登り詰めると駒ヶ岳頂上（２１３２・４ｍ）に立った。思ったより狭くて、遠くに燧ヶ岳、至仏山の山並みが望めて、昨日の雨がうその様に晴れ上がって空が青く美しかった。

駒の小屋に戻り朝食を済ませ、八時近く、富士見林道を下る。昨夜の雨に加えて湿地帯なのでぬかるんだ道に気が抜けない。大津分岐でキリンテ白樺キャンプ場に着き、昨日の予約でワゴン車が待っていてくれ温泉に案内してくれた。往路の逆コースで帰途に付く。

蓮華岳、針ノ木岳、スバリ岳、赤沢岳　平成10年8月5日〜8日　5名

八月五日　蓮華岳登山口大沢小屋まで

鈍行列車で信濃大町駅まで五時間半かけて到着。タクシーにて扇沢まで。大沢小屋目指して歩くこと二時間四十分。暑さと午後から歩き始めることに慣れていないので、コースタイムの倍近い時間を掛けてやっと小屋に辿り着いた。

小屋の親父さんが口の悪い人で、事々に嫌味を言うのには閉口した。小屋の生命線である懸樋の水が止まってしまい、夕食の準備の途中でおやじさんが懐中電灯を持って山に登って行ってしまうハプニングに。泊り客が手伝って、盛り付けやら配膳をするセルフサービスだった。取水口に落ち葉が詰まっていたらしい。

八月六日　蓮華岳　針ノ木小屋まで

六時前に朝食は用意してくれ、口の悪いおやじさんに送られて小屋を出発。どうやら天気は持ちこたえそうで、小一時間で針ノ木雪渓に着いた。アイスバーン状の急登で、アイゼンを着けて登り始める。土砂で薄汚れた雪渓だったが、渡る風は心地良く歩くのに随分助けられた。時々雪渓が割れて大きな口を開けているので、できるだけ山裾側に沿って登

って行く。一時間ほど進むと雪渓も終わり、最後は胸を突く様な斜面を登り切ると蓮華岳と鉢ノ木岳分岐の標識が立っていて、その鞍部が鉢ノ木小屋だった。

小屋で泊まりの手続きをし、早目の昼食を摂り、蓮華岳（２７９８・６ｍ）のアタック。一時間程で頂上へ着いたが、平坦で奥深く標識までかなり歩いた。

雲が厚くまるで展望はきかずがっかりしたが、縦走の最初の山に登られ、写真を撮ったりして二十分ほどで下山。濃霧が立ち込めて同じ道なのに迷いそうで不安だった。針ノ木小屋泊まり。

八月七日　針ノ木　スバリ　赤沢　鳴沢縦走

夜半から風雲が強く、朝の出発が危ぶまれた。遅くとも十時までに雨が上がらなければもう一泊かと半ば諦め、背負って登る筈の朝食を食べながら様子を見ていた。同じ様に足踏みしていたパーティーが次々と雨の中を出発して行く。我々もタイムリミットを計算し、天気予報を眺めながら、意を決して出発する。

早立ちの予定が十時四十分になっていた。これでは予定の種池山荘までは無理なので手前の新越山荘を目指すことにする。登り始めて十分もすると雨の心配はなくなり、早くも軽装になって針ノ木岳（２８２０・６ｍ）頂上に立った時は、雲も切れて陽が射す程に回復して来た。これだから山の天気は！　頂上からは蓮華岳、剣岳が一望に、これから目指すスベリ岳、赤沢岳が延々と連なっている。

先発組が蟻の行列ようにゴツゴツした岩山を登って行く様を見て、我々も前に進むしかないのだと黙々と歩を進める。国境の縦走尾根はアップダウンが多くて大変だけど、行き先の山を眺めたり、歩いて来た道を振り返ることのできる縦走路は好きだ。スバリ岳、（２７５２ｍ）、赤沢岳（２６７７・６ｍ）を超える頃はコースタイムをかなりオーバーして、新越山荘に着いたのが五時二十分。宿の主に、無謀だと注意を被った。当然飛び込みなので夕食に有りつけず、手持ちの食料ですませる。

八月八日　種池山荘を経て帰路

昨夜の内に朝食のお弁当を用意してもらい、出発四時二十分。まだ明けきらぬ山道を小一時間で岩小屋沢岳に着く。霧が深く、黒部川から吹き上げる風は冷たく、棒の小屋乗越あたりで震えながら朝食を摂る。種池山荘についたのは七時半だった。土曜日とあって縦走路は行き交うハイカーで賑わっていた。

山荘からの下山道も、これから登るパーティーに絶え間なく出会って、道を譲り合いながらの下山も大変だった。釜ヶ岳登山口で予約しておいたタクシーで大町駅に着き、近くの宿で入浴後、列車を乗り継いで無事帰宅。

八幡平、秋田駒ヶ岳　平成11年8月29日〜30日　14名

八月二十九日　八幡平　田沢湖国民宿舎まで

朝五時、八高線、川越線、新幹線を乗り継ぎ盛岡駅へ。茶臼岳登山口まではバスで一時間三十五分、十一時半にやっと辿り着く。雨で合羽を着て傘をさしての歩行で、予定していた茶臼岳は諦め、黒谷地湿原から源太森まで緩い坂道を登る。源太森に出ると行く手に八幡平と高層湿原が広がって来る。

八幡平頂上（1613・3m）は見晴らしのきかない樹林帯の中だった。小止みなく降る雨で惨めな山行だったが、傘をさして歩ける散策道だったのでまあ良しか。頂上バス停に出て田沢湖行きの長いバス旅で、駅からタクシーで国民宿舎へ

八月三十日　秋田駒ヶ岳　下山後帰路

高原温泉バス停から八合目までバスが入る。立派な小屋が建っていて、ここで朝食を摂り、荷物は小屋に預け、秋田駒を目指す。雨は降ってはいなかったが、霧が降りかかり、雨合羽は手放せず、見通しも利かない。ミヤマダイコンソウの群生、たくさんの高山植物が見られる阿弥陀池に着き、秋田駒最高峰の男女岳（１６３７・４ｍ）に直登する。

霧で遠望はきかず、横岳も登ったが、わずか五分で下山し、バス停に戻る。バス時間を待ちきれないでタクシーで水沢温泉へ。温泉につかり予定通りに帰路。なんか物足りない山行だった。

荒川三山、赤石岳　平成12年7月22日～26日　5名

七月二十二日　登山基地椹島ロッジまで

新幹線、静岡駅から畑薙第一ダムまでバスで三時間三十五分、ここから東海フォレストのリムジンバスに乗り換えて一時間余りで、やっと登山基地椹島ロッジに辿り着いた。風呂もあり山小屋にしては上等だ。明日からの長丁場に備えて早々に床に就く。

七月二十三日　千枚小屋まで

朝四時四十分出立。瀧見橋の手前から右岸の登山道に入る。小刻みに休憩を取りながら長い道のりを小石下に着き、シラビソ林を抜けブナやナラ林を登ると、小さな草原、清水平に着く。足がつってしまい仲間の助けを借りながら、ようやくの思いで蕨段の見晴台に立った。素晴らしい天気で、赤石岳や荒川岳の頂上が見えて、疲れがいっぺんに吹っ飛んだ。

コースタイムを大幅に超えて、千枚小屋に辿り着く。小屋の窓から富士山が水平に見え、夕陽に映える富士を撮ろうとカメラを構える。小屋の周りは高山植物のお花畑が取り巻いていた。

七月二十四日　千枚岳　悪沢岳　荒川小屋泊まり

小屋を四時半過ぎに出る。お花畑が広がる斜面を登り、ダケカンバからハイマツ帯に変わる展望の良い肩から砂礫の道を登ると、千枚岳（２８７９・８ｍ）に着いた。三百六十度の展望に大歓声。富士山や赤石岳が目前に迫る感じ。

やせた尾根のコルを上下し、お花畑の斜面をトラバースしてハイマツの間を抜けると、丸々と太った雷鳥が一人歩きをしていた。岩稜帯を抜けると、南ア南部の最高峰、悪沢岳（３１４１ｍ）に着く。岩石の重なった山頂は、やはり三百六十度の展望だ。悪沢岳から瓦礫の急斜面を、足元注意で中岳避難小屋に着く。また、南ア最大のお花畑が南斜面いっぱいに広がっていて、写真を撮りながら下って行く。

やがて砂礫の急斜面をジグザグに下ってダケカンバの林の中を過ぎると、林に囲まれた荒川小屋に到着した。トイレと水場が小屋のかなり下にあって、夜中のトイレが心配。小屋に着く手前からパラパラ降り出し明日の天気が心配だ。

七月二十五日　赤石岳　椹島ロッジ

最悪の天気だ。しかしみんな合羽を着てどんどん出発して行く。我々も意を決して五時三十五分小屋を出る。風雨の中黙々と歩く。大聖寺平あたりまで調子よく歩いたが、合羽を着ていても容赦なく雨がしみ込んで、靴の中もグシュグシュの状態。

子赤石岳の頂上を楽しむこともなく、椹島分岐点コルにリュックを置き、赤石岳（３１２０・１ｍ）を往復。三百六十度の展望はおろか、標識さえ雨にかすむのをカメラに収めて、僅か五分で引き返す。母校の校歌に詠われる憧れの赤石岳。今回の山行の第一の目的だったのにほんとに無念だ。

頂上からなお、聖岳、光岳へ単独縦走を続けるYさんの息子さんと別れて、斜面の東尾根をトラバースして下る。ダケカンバからシラビソの樹林帯を抜け、ハイマツの台地富士見平に着く。ここから赤石の全容が見える筈なのに。雨の中を黙々歩いて、赤石小屋に着く。小屋で温かいおうどんで腹ごしらえをすると、すこし元気が出て、ずぶ濡れついでに今日中に椹島ロッジまで下ってしまおうということになり、先を急ぐ。ロッジに到着して、濡れた衣類、ザック類を乾燥室で手入れして、入浴したらやっと人心地がついた。

七月二十六日　帰路

前半は好天で眺望も花も楽しんだのに、最後、何となく不完全燃焼の思いで、東海フォレストのバスに乗る。窓外の景色を楽しみながら静岡駅へ。新幹線のチケットが変更できず、三時間あまりを駅周辺で過ごし、四日ぶりに無事帰宅。

白馬岳、雪倉岳、朝日岳　平成12年8月6日〜9日　3名

八月六日　栂池ヒュッテまで

大糸線にて白馬大池駅へ。タクシーでゴンドラ乗り場まで。降り出した雨は自然園駅で土砂降り。今日は朝からついてないなあ（出がけの青梅線で人身事故のため車内に三〇分余閉じ込められ、乗り継ぎ列車の時間にヤキモキ）。

栂池ヒュッテ泊まり。ちょっとしたホテルなみ。夕食はフランス料理に吃驚する。レストランの窓から、鹿島槍、五竜、唐松岳の山並みが雨雲の切れ目から見えて素晴らしい眺めだ。風呂も良しで、すっかり温泉気分だ。

八月七日　白馬大池経由白馬岳　白馬山荘泊まり

薄明の早立ち。直ぐに階段状の急斜面、根曲がり竹が両側に密生し、水はけの悪いドロドロ道をひたすら登る。銀嶺水の標識のある水場でホッと立ち休み。やがて天狗原に着く。昨日の大雨で木のベンチも木道もびっしょりだ。乗鞍岳（２４３６・７ｍ）から安山岩のゴロゴロ道を白馬大池に下り、山荘に立ち寄ったが、大変な賑わいだった。

一休みした後お花畑の中を登り、ハイマツ帯を抜けると、雷鳥坂の広い尾根に出た。サ

クサクした広い斜面を登る頃、雲行きが怪しくなって慌てて雨支度。乗鞍頂上あたりでは青空が広がって今日は安心と思っていたのに、風雨が急激に強くなった。船越の頭から小蓮華山、白馬岳へ続く道で、花や展望を楽しめる山歩きの醍醐味が味わえる所なのに、風雨を凌ぐのに精一杯だった。

雨の中で惨めな昼食。小蓮華山（2768・9m）を越え、三国境に着き、あと小一時間で目指す山だと、コマクサの群生を愛でる余裕もなく白馬岳頂上（2932・2m）に到着した。標識へタッチし写真を撮っただけで山荘へ降った。大きな山荘に吃驚。食事も三回に分けて出された。食後、白馬物語の講談があったが、終わりの方は眠気を耐えるのに必死。

八月八日　雪倉岳　朝日岳　朝日小屋泊まり

薄暗い中を出発。見通しのきかない朝靄だったので、白馬岳へもう一度登る気にならず、素通りして、昨日喘いで登った道を三国境まで下り、左手のザクザク斜面をトラバース気味に下り雪倉岳に向かう。

ハイマツ帯の広い尾根を進む。鉢ケ岳鞍部はミヤママツムシソウの大きな花がいっぱい。

避難小屋までお花畑が続いて飽きさせない。ジグザグの尾根道を登ると雪倉岳（２６１１m）に到着。御影石の墓石みたいな標識が印象的だった。

山頂からは緩い下りのザラ道でツバメ平に至り、樹林帯を抜けると水量豊かな沢に出て、遅咲きのミズバショウ、リュウキンカが咲いていた。木道の両側はハクサンコザクラやチングルマの花がいっぱい。水平道の分岐で樹林帯の中を直登するとコバイケイソウの群生する草原に出て、再び樹林帯に入るが直ぐに明るい尾根道に出て朝日岳（２４１８m）に着く。ここは太い丸木を縦に並べた大きな標識で、腰掛けて記念写真。

ポツリポツリと降り出したので急ぎ朝日小屋に向かい下山。小屋の名物は肉じゃがとか。ほんとに美味しかった。

八月九日　下山後帰路

泊駅十三時十四分発に乗るため、逆算しての行程だ。小屋を四時半に出てハイスピードの下山になった。イブリ山で朝食タイム。休憩時間をふくめて五時間の一気下山。予定通り北又小屋で、予約のタクシーで温泉場に行き、入浴後再びタクシーで泊駅へ。何回も乗り換えて鈍行列車で帰宅。

笠ヶ岳、焼岳　平成12年9月24日〜27日　5名

九月二十四日　笠ヶ岳登山口鏡平小屋まで

穂高ホテル前でタクシーを降りた時は雨。玄関先で雨支度をして、わさび平小屋まで歩く。去年の洪水で左保谷が荒れ、小池新道はあちこちで迂回路に誘導された。

鏡平小屋に三時前に着く。我々の他に二組の宿泊で主は親切に応対してくれ、鍋料理も嬉しかった。

九月二十五日　弓折岳抜度岳経由笠ヶ岳　山荘

天気を心配しながら出立。弓折岳（2812・8m）に登り着くまで雨具は着たまま、双六小屋への分岐あたりで陽が射して来て思わず歓声。しかし気まぐれな山の天気は、秩父平で昼食頃風も強くなり、雨がぱらつきだし不安に駆られる。抜戸岳（2812・8m）の奇岩を何枚もカメラに収めながら稜線分岐に立つ。ここからは快適な尾根歩きで、抜戸岩の両側を岸壁に挟まれた通路を過ぎると、大きな岩塊がゴロゴロした登り坂で大変だった。

小屋から二十分程で笠ヶ岳山頂（２８９７・５ｍ）に到着。広い岩稜の頂で天気が良ければ槍穂連峰の絶好の展望で、白山まで見えるとか。残念。笠ヶ岳山荘は今日も宿泊客は少なくホッとする。

九月二十六日　笠ヶ岳下山後双六荘まで

笠新道分岐までは昨日通った道だったが、ここから杓子平までの急降下は北ア三大悪路と言われる道で、ジグザクの急坂が続いてホトホト嫌になってくる。登山道入り口に着き、今度は車道を一時間ほど歩き、双六荘迎えの車で宿に着く。ご馳走攻めの夕食には戸惑ってしまった。お値段も良かったが！

九月二十七日　焼岳　下山後帰路

宿の主が中尾温泉あたりまで送ってくれた。二十分程で登山道入り口へ。白水の滝の眺め良しで朝食を摂り、秀綱神社を過ぎると中尾峠へ出た。茶褐色の泥流の押し出しの道に入ると硫黄の臭いが強くなり、活火山なんだと緊張してきた。

泥流跡のザレ道は滑りやすく難儀をして焼岳北峰（２３９３ｍ）に立ったが、雲海でなにも見えず、標識を囲んで写真を撮っただけで早々に下山。時々晴れ間をみせて上高地の景色が見下ろせるものの、ただ登っただけという実感。バスターミナルから松本駅へ。後は予定通り帰宅。

恵那山、馬篭散策　平成12年10月22日～10月24日　7名

十月二十二日　中津川まで

今日は中津川のGH宿泊。明日の天気予報は完全に雨。

十月二十三日　馬篭妻籠散策

朝から雨終日。登山は諦めて、馬篭から妻籠まで旧街道を散策する。明日の登山の足慣らし。恵那山登山をパスする二名帰路に着く。

十月二十四日　恵那山　下山後帰路

予約のタクシーで神坂峠登山口へ。まだ明けきらぬ道を電灯片手に、いきなりの急登の

笹原を登って行く。１７００m峰で一息入れて、アップダウンの道を急ピッチで進む。鳥越峠に着く頃、ようやくあたりがハッキリして来て大判山（１６９６m）に着き、朝食を摂る。

大判山から一旦鞍部に降り、急斜面を登り返すと、１８２０m峰に出て、更に小さな上下を繰り返しながら進むと、一段と急斜面になって、コメツガ、モミ、シラビソの原生林の急登。枝や幹に掴まりながら、ジグザグに高度を上げて行くと山頂の避難小屋に着いた。

小屋にリュックを置き身軽になって、更に十分で恵那山（２１８９m）に到達。頂上は樹木が生い繁っていて展望はなかったが、道中は樹間から南ア連山、聖と光岳の間に富士山、北東に中央アルプスが連なり、北に御嶽、乗鞍と息をのむ程の壮観だ。

これぞ登山の醍醐味を味わってピストン下山。周りの紅葉を愛でながら神坂峠のタクシーの予約時間に間に合わせた。

九州六山山行　平成13年5月25日〜6月1日　7名

五月二十五日　久住山登山基地コスモス荘

熊本空港に降り立ち、宮地バイパスを経て肥後大津駅へ。豊肥本線で宮地駅に着き、やまなみハイウェイバスにて久住山登山基地長者原に着いた。コスモス荘泊まり。

五月二十六日　久住山、下山後清流荘まで

牧ノ戸峠（1330m）までタクシーで入る。山なみハイウェイの最高地で、舗装の遊歩道が沓掛山の展望台まで続く。沓掛山の肩からは、岩の間を縫って緩やかな黒土の尾根となる。左手には三俣山、正面には星生山、右手には扇が鼻と、開けた草原でミヤマキリシマ、コケモモ、イワカガミ、マイズルソウ、アセビなど可憐な花が咲き乱れる。

久住分れを過ぎ、中岳への分岐点で重いリュックをほかし、中岳（1791m）を目指す。久住山頂の東側のガラ場を大きく回り込んで、十五分もすると山頂に辿り着いた。一等三角点があり、久住山群、阿蘇五岳、祖母、傾山群と山々の重なりが名前の由来なのか？

下山は長かった。ミヤマキリシマが害虫にやられて無残な姿をさらけ出している所もあった。久住山南登山口に着き、バス停までの十分間の舗装道路のきつかったこと。竹田駅行のバスで三十分程。駅からタクシーで今晩の宿清流荘へ。

五月二十七日　祖母山　下山後移動民宿泊まり

祖母山へはピストン山行なので、宿に余分な荷物を預け、お弁当と雨具の軽装で車にて一合目の滝まで送ってもらう。五合目小屋はお社のようなコンクリート造りで、四十人収容できるという無人小屋だ。

ここからは最大の難所。ブナ、ミズナラ、ヒメシャラ、カエデ、トガなど巨木の原生林の急坂が続き、小さなクサリ場もあり、所どころ歩くというよりよじ登る感じで、苦しい登りを続けているうちにカヤトの開けた草原に出て、正にポッカリという形容がぴったりの感じの国観峠に着く。五ケ所からのコースの合流点だ。

山頂までは、灌木の中をV字形にえぐられた道を登ること一時間余りで、やっと辿り着く。祖母山（１７５６ｍ）の頂上には、三角点の標石と並んで石の祠が在り、神武天皇の祖母に当たる豊玉姫を祀ったもので、だから祖母山と納得。写真を撮ったり、宮崎、熊本の県境の山や、阿蘇の眺望を楽しんで下山の途に。

林道に着き、下山途中、後になり先になりして歩いていた一人山行の男性が、清流荘まで、われ等を二回に分けて送ってくれることになり、感謝感激だった。宿からタクシーで竹田駅へ。豊肥本線で宮地駅へ。民宿の迎えの車でグリーンカルデラに着き今晩の宿。

五月二十八日　阿蘇山　下山後移動

今日は午前中に阿蘇山の一部に登って午後は移動日だ。仙酔峡の登り口から、ミヤマキリシマの群落で花の間を登ること十分で鷲見平へ。花はすでに盛りを過ぎていたがそれでも見事だった。

長い登り坂を白ペンキのマークを目印に登ること二時間余り、仙酔尾根に着き、火口壁を右側にとり十分程で高岳（１５９２・４ｍ）に着く。展望を楽しんでから中岳（１５０６ｍ）の山頂に着き、火口壁が円形をなし噴煙を上げる様を眼下に見下ろして、自然の造形に圧倒される。ロープウェイで簡単に展望所に着きこの光景を見られることが、良いことなのか解らない。

ロープウェイ下の遊歩道を仙酔峡に向かって下山。タクシーで宮地駅へ。肥後大津で乗り換え、熊本駅から列車移動でメンバーのＹさんの実家に今晩の宿を得る。

五月二十九日　えびの高原へ移動　韓国岳

列車の山登りと言われる肥薩線で、人吉駅から吉松駅まで、山あり、谷あり、渓谷美を車窓から見下ろす日本一の展望車で移動日を楽しんだ。小林駅からバスでえびの高原へ。韓国岳の登山基地に辿り着く。

明日は確実に雨の予想で、韓国岳から高千穂の嶺までの縦走は無理と判断して、今日中に韓国岳に登っておくことにした。からくに荘に荷物を置き身軽で登山。完全に曇って、見通しは皆無。雨模様の風は冷たく、頂上（1700・3m）の爆裂火口跡など見える筈もなく、標識にタッチして早々に下山。麓近くのキリシマツツジを愛でながらからくに荘に戻る。

五月三十日　雨中の移動　みやま荘まで

朝から強い雨。予定の縦走は諦めていたので、ゆっくりの出立でえびの高原駅に向かう。風雨強く、駅の売店では登山者が戸惑い顔で思案している。バスを乗り継いで、明日の予定に合わせて高千穂の嶺の登山ルートまで移動。みやま荘に宿をとる。

五月三十一日　高千穂の嶺下山後かいもん荘泊まり

まだほの暗い道を高千穂河原までタクシーで移動。雨上がりの道は露っぽく、雨具着用で歩いていたが、だんだんと天気が回復してきたので、雨具も重いリュックも木陰にホカし、お弁当と飲み物だけを持って頂上目指す。

火山岩のガレ場が頂上まで続く。歩き難いので何回も休憩しながら、喘ぎ喘ぎ登って行く。やがて右手の山肌一面が、ミヤマキリシマツツジに覆いつくされてピンク色に染まっているのに思わず歓声。お鉢に辿り着き一息。お鉢を形作る赤い火山帯の層、底にくすぶる爆裂火口は不気味な様相を呈している。

赤褐色の溶岩道を進むこと二十分程で馬の背に出て、少し降った所から目指す高千穂の嶺（１５７４ｍ）が目の前に。連日の山行と移動にメンバーの何人かが体調を崩して五人が登頂し達成感に浸る。

下りはみんな得意なので、早い足取りで高千穂河原に戻る。霧島神宮駅から日豊本線で西鹿児島へ。最後の開聞岳へのアプローチを目指す。宿に着くには早過ぎてフラワーパークで二時間ばかり花見物し、五時頃かいもん荘に着く。

六月一日　開聞岳　下山後帰路

お弁当、飲み物、雨具持参の日帰り登山姿で登山口へ。登り始めは昼でも暗いような鬱蒼とした樹木に覆われた道で四合目の急登を過ぎ、わりと緩やかな五合目、六合目を通過して七合目に到着すると、漸く展望が開けてくる。が、この当たりから岩石がゴロゴロで歩き難い。

九合目近くなると、火山特有の巨岩が現れ急勾配だ。御岳神社の祠の上の一段高くなった開聞岳山頂（922m）に達した。三百六十度の展望は霞んでいて今一だったが、八日間で九州六山を登頂し終えた達成感で、感激を分かち合う。

下山は登って来た道をひたすら下る。かいもん荘に戻り、温泉で汗を流し帰途の準備。鹿児島空港で機上の人となった時、九州山行の成功をかみしめる。羽田へは九時近く、帰宅十一時過ぎ。

北海道五山　平成13年6月28日〜7月7日　6名

六月二十八日　アプローチ

稚内空港に降り立ったのは十一時半頃。本州は夏を迎えようとしているのに、最北の地は春真っ盛りで、あちこちの花が美しい。三時半出港の利尻鴛泊行きのフェリーの時間待ちの間、ノシャップ岬など観光。鴛泊港へは五時頃着。今日の宿はマルゼン。

六月二十九日　礼文島散策

天気予報が当たって朝から雨。これでは折角の利尻富士も、ただ登っただけの記憶になってしまう。明日に期待し、今日は礼文島の花を見に行くことにし、礼文島に渡り、短時間観光コースを巡った。

六月三十日　利尻岳　下山後稚内民宿まで

まだ暗い雨上がりの道を、宿の車で鴛泊コースの登山口まで送ってもらう。甘露泉まで整備された道が続く。五合目中ほどまで、針葉樹林帯のミヤマハンノキ、ダケカンバのトンネルを通り過ぎ、六合目で北稜の尾根に出て、ジグザグの急斜面を何度も休みながら登って行く。

何回目かの休憩の後、歩き始めようとして右足に異変を感じた。何と靴の底が剥がれてつま先が口を開けているではないか。仲間たちがあれこれと手当てをしてくれ、何とか歩き通したが、何とも惨めな山行初日となってしまった。雪渓を越す山が多いだろうと、頑丈な皮の登山靴を履いてきたのに、久しぶりに履いたので、接着剤が経年疲労を起こしていたらしい。

八合目長官山に着くと、展望が開けて、あきれる程高く聳える利尻岳が眼前に飛び込んでくる。雲一つなく晴れ上がった真っ青な空に突き刺す様に立つ山頂を見て、身震いするほどの感動が走る。

九合目には「ここからが正念場」と書かれた標識が立っていて、身が引き締まる。ここでザックをデポし身軽になって、アタック。十時半、利尻岳（１７１９ｍ）登頂。感激の一瞬だ。大勢の登山者で、写真を撮るのにも一苦労だ。南峰へは崩壊の危険で立ち入り禁止。

九合目に戻り昼食後下山開始。途中でまた足パク状態になりロープを巻き付けてやっとの思いで下山。登山口で宿の車が待っていてくれ、時間ギリギリで稚内行きのフェリーに乗船し利尻島を後にした。ホテルオカベに宿泊。

七月一日　大雪縦走へ移動日

名寄駅で一時間四十分の待ち時間を利用してデパートの靴修繕所で応急処置をしてもら

ったが、果たしてこの山行中持ちこたえてくれるか、祈る気持ちだ。旭川駅に到着しバスにて旭岳登山口まで移動。大雪山荘泊まり。

七月二日　大雪山縦走　層雲峡まで

旭岳登山口からロープウェイで十分、すがたみ駅に着き、姿見の池で朝食を摂る。地獄谷から吹き上げる強風に耐えながら、火山礫の急坂を登って行く。足を踏みしめないと石車に乗ってズルズルと後退してしまう。あえぎながらただ黙々と一歩一歩かみ締めるように礫道を登って行く。旭岳（２２９０・３ｍ）頂上は更に風が強く、見通しも利かず、楽しむ余裕などなく、標識を囲んで写真を撮るのが精一杯で五分程で下山。

大雪渓を下り、鞍部からはお花畑が続く快適な縦走路だ。キバナシャクナゲが真っ盛りで、どこまでも続く。チングルマ、イワウメ、ミネズオウ、エゾコザクラと首を左右に振り向けながら、神々の壮大な庭と言われる表大雪の銀座コースを堪能した。

間宮岳（２１８５ｍ）も中岳もすんなり通過。北鎮岳へは分岐点へザックを置き、頂上までピストンする。この下りでまたまた悲劇が起こる。応急修繕では持たなかった靴の前パクでみんなに迷惑をかけてしまった。

ガレ場を少し降ったあたりがお鉢平展望台で、壮観だった。それからまた雲の平の平坦なお花畑が続いて楽しませてくれた。黒岳石室で遅い昼食後、黒岳（１９８４ｍ）へ一気に登る。

下山は雪渓越えや雪解け道の連続で難儀をした。ケーブル終点駅に辿り着き、ホッとする。エゾシカが目の前を歩いていて北海道の大自然を感じる。リフト、ロープウェイを乗り継いで一気に層雲峡に降る。ユースホステル泊まり。ここで愛着の登山靴を処分した。

七月三日　移動日（羅臼岳へのアプローチ）

列車の旅を楽しむ。とは言っても、登山靴をなんとか調達しなければという思いで憂欝だった。上川駅から網走駅へ。乗り継ぎ待ち時間二時間余り、スポーツ店を探して歩きまわったが、辺鄙な地方の町、作業用品を扱う店を見つけて頑丈な作業靴を見つけた。もう見栄を張っている場合でなく、残りの山はこの靴で挑戦するしかない。

釧網本線で知床斜里駅へ。車窓からワッカ原生花園、小清水原生花園と続くハマナスの花は見事だった。知床斜里駅から知床観光のため一時間余りバスで半島の奥まで行く。五湖を巡る予定が、「ヒグマ出没のため本日立ち入り禁止」の看板に、三湖をまわり引き返す。

バスにて足尾別温泉へ。山小屋らしいランプの灯る木下小屋に投宿。

七月四日　羅臼岳　下山後移動

まだうす暗い木下小屋を後に出発。登り、初めから急登で寝不足の身に堪える。ポイント地点、コースタイムなど確認もせず夢中で登った感じ。そろそろみんな疲れが溜まってきたのかな。空は一向に晴れず見通しも利かず、ただ黙々と歩くのみだ。本来ならオホーツクの展望があり、知床五湖が見渡せるだろうに残念。

極楽平、仙人坂、銀冷水、羽衣峠など平坦部と急坂のジグザグを越えると、ガレた大沢に出て、雪渓を登り切るとハイマツの羅臼平に着いた。そこから一時間余りで羅臼岳（１６６１ｍ）山頂に着く。霧雨にけぶっていたが、全員笑顔で達成感の記念写真。後方は灰色の世界で長居無用の思いで下山。

木下小屋で急ぎ風呂を浴び、知床斜里駅へ。清里駅で下車し食料を調達して、清岳荘に向かう。飯場のようなプレハブ小屋で、早目に夕食を摂り床に就く。

七月五日　斜里岳　下山後移動

同宿したパーティーが前後して出発して行く。我々はどんどん道を譲って、マイペースの歩行だ。登りは滝が幾つもある旧道コースを取る。雪解けの豊富な水が幾つもの滝を豪快に流れ落ちる。滑らないように気を配りながら、右に左に何度も渡河して登り、馬の背に着いた。上二段の標識を過ぎ、胸突き八丁のガレ場を登り詰めると斜里岳（１５４５ｍ）頂上だ。今日も見通しが利かず、標識と登頂記念写真を撮り下山。

帰りは尾根コースで道はえぐられ、滑りやすいので、両側の木々に掴まって、まるでアクロバット状態で下山。靴もズボンの裾も泥んこで清岳荘に戻る。泥を洗い流し、荷作りをして、タクシーで清里駅に向かう。摩周駅に着いた頃、降り出した。運転手のミスでバス乗車ができず、バス会社に連絡し特別仕立てのバスで野中温泉ユースホステルまで送ってもらう。

七月六日　雌阿寒岳

宿舎から日帰り登山の軽装で最後の雌阿寒岳を目指す。相変わらずの空模様に期待薄で登り詰めたが、束の間の雲の切れ目から活火山の火口壁が覗かれて、その規模の大きさに驚天。これだけ見られただけで結構満足した。頂上（１４９９ｍ）は標識の石塔のみで広陵とした火口淵だ。周りは雲に覆われていて見通しも利かず、長居する程もなく写真だけ撮って下山。野中温泉連泊。

七月七日　帰路へ

ジャンボタクシーで阿寒湖畔の観光。アイヌ工芸村を興味深く散策し、阿寒湖畔へ行ったが、寒くて観光気分にもなれず、土産物店を巡るばかり。釧路空港への道は牧草地帯や玉ねぎ畑が延々と続いて広い広い。流石に北海道だ。羽田には三時過ぎ着き、帰宅は六時頃。十日間の山行と小観光は無事終了した。

奥白根、男体山　平成13年10月20日～10月22日　4名

十月二十日　白根山登山口へアプローチ

沼田駅からのバスは紅葉狩りの車で滅茶渋滞していた。鎌田でバスを乗り換えて、丸山スキー場まで。ペンションＡＬＦに宿。

十月二十一日　奥白根山　下山後戦場ヶ原

ＡＬＦの車で山麓駅へ。丸沼高原ゴンドラからの眺めは最高で感激した。山頂駅に降り立つと眼前に日光白根の山容が迫るように飛び込む。すぐ樹林帯の登山道へ入り大日如来で一息し避難小屋を過ぎてからは急坂の岩場を踏みしめて白根山（２５７７・６ｍ）に登頂。日光連山、燧ヶ岳、至仏山、武尊岳、赤城山など三百六十度の展望だったが、岩峰が多くて、何組ものパーティーがいたので、標識の周りで写真を撮るのも容易ではなかった。

三十分程眺めを楽しんで下山に向かう。前白根を越えて、スキー場から湯滝へ向かう。男体山、中禅寺湖を下に見て、山の複雑さに驚嘆。湯滝展望台で戦場ヶ原行きのバスの時間にはぐれて、車道を三本松まで歩く羽目になってしまい、疲れた足を引きずって戦場ヶ原山荘に到着。

十月二十二日　男体山　下山後帰路

戦場ヶ原の牧場地から樹林帯まで宿の車で送ってもらう。戦後の原っぱ入植者の苦労話を聞かされながら、裏男体林道を志津乗越まで車で行けば、ありがたいことに三時間程で男体山（２４８４・４ｍ）の山頂に辿り着けた。

　頂上は細長く、表参道につづく最高所に二荒山神社奥宮が祀られている。その眼下は爆裂火口が落ち込んで、中禅寺湖を真上から眺められる素晴らしい景観だ。

　休憩をしていた中年男性グループと話を交わし、リンゴを頂いて、急坂の下山に付く。何合目、何合目と数えながら、二荒山神社前に着く。ここで入山料を収めてバス停へ。

　日光いろは坂は紅葉狩りシーズンで大渋滞。バスも超満員で登山より難行苦行で日光駅へ。帰宅したのは十時前でした。お疲れ様。

宝剣岳　空木岳　平成14年8月26日～28日　3名

八月二十六日　宝剣岳山荘まで

　駒ヶ岳ロープウェイに乗るのは四回目か。千畳敷から八丁坂に向かって登り始めたが、久しぶりの登山で直ぐに息切れがし、稜線が見えているのになかなか辿り着けないもどかしさ。

　山荘に辿り着いたのは2時半。

八月二十七日　宝剣岳　木曽殿山荘

切り立つ岩山をよじ登って宝剣岳（２９３１ｍ）へ。岩の間に立って写真を撮り、慎重に下る。遥か下方に千畳敷ホテルが小箱の様に見える。中央アルプスの縦走路は、花崗岩の白っぽい美しい道が続く。ハハコグサ、ウスユキソウの群生を愛でながら進み、濁沢大峰からはクサリと鉄杭を頼りに岩場を少し降りて、鞍部からハイマツとダケカンバの中をジグザクに登り切って、檜尾岳（２７２８ｍ）に達しホッと一休み。

更に岩場を登り続けて、巨岩の重なる熊沢岳（２７７８ｍ）の頂上へ。ここからは小さなアップダウンを繰り返しながら東川岳を過ぎ、木曽殿山荘に到着。三時だった。家庭的な雰囲気の山荘で、夕食のおでんが美味しかった。

八月二十八日　空木岳　下山後帰路

晴天に恵まれた。五時前に、山荘からいきなりの急登、五十分で第一のピークに立ち、大きな岩を回り込むように登り、稜線から急斜面を一登りで巨岩と白砂の空木岳（２８６３・７ｍ）に登頂。青い空と大展望に大満足。木曽御嶽山が眼前に迫るようだ。

下山に振り返ると、山の頂に昼の月が青空にくっきりと浮かんでいるのが印象深かった。

駒ヶ根高原までの池山尾根は長かった。空木平の分岐あたりから樹木の背丈も高くなり、大展望ルートも終わり、鉄ハシゴやクサリ場もあったがひたすら下山が続く。駒ヶ根ユースホステルからタクシーで風呂屋さんへ。入浴後、駒ヶ根駅から鈍行列車で帰宅。十一時過ぎ。郷里に近い山で憧れていたので、登頂できて、自分の健康に、仲間に感謝。

武尊山　平成14年10月11日～12日　5名

十月十一日　アプローチ山荘へ

八高線で高崎、沼田駅へ。宿の車の迎えでペンションあおきに着く。三十四名収容という宿だが、今日は我々五名だけでシーズンオフか。林に囲まれた閑静なたたずまいだった。

十月十二日　武尊山　下山後帰路

宿の車で送ってもらう。一般道でなく私有地の牧場道路で、スキー場に続く近道のようだった。登るにつれだんだん紅葉も葉を落とし、冬に向かっている。ナナカマドの真っ赤な実が青空にうかんで輝いている。武尊山（２１５８・３ｍ）頂上は一等三角点が有り、御嶽山大神の祠、方位展望盤も有り、三百六十度のパノラマだ。尾瀬、日光連山、谷川連峰、遠くに八ヶ岳と眺望を楽しんだ。

帰路は中岳分岐から、赤土の急降下でセビオス岳を通過し、避難小屋まで歩き続けて、リフト乗り場に着いた。リフト下の道をあおき牧場まで歩き、そこでまた宿の車でバス停に送ってもらう。沼田駅から高崎を経て七時頃帰宅。美しい秋の山行だった。

屋久島、宮之浦岳、種子島　平成14年11月8日〜13日　5名

十一月八日　屋久島へ　八重岳山荘泊まり

鹿児島空港に九時に降り立つ。鹿児島港からジェット船で屋久島へ宮之浦港に着くはずだったが、風向きで安房港へ上陸。南国風景を楽しみながら宮之浦へ移動して、八重岳山荘に着く。

おとぎの国のような山荘の造りで、コテージ風の個室は林の中に点在し、渡り廊下で繋がっていた。風呂もあちこちに三種類有り、我々五人は一番大きな部屋に案内され、炬燵

を囲んで寝る。

十一月九日　白谷雲水峡巡り　後淀川小屋へ

タクシーで白谷雲水峡入り口まで。生憎の天気で、雪混じりの雨に震えながら散策道に入る。予定では太鼓岩往復五時間コースを歩くはずだったが、この天気で意気消沈してしまい奉行杉で引き返す。名前の付く大杉以外も屋久杉の大木が続いていて、天気さえ良ければルンルンの散策道なのに残念（昨夜の就寝中咳が止まらず体調に不安を感じていた）。

バスにて宮之浦に戻り、明日の登山準備。この天気では山は相当な積雪だろうと、貸しアイゼンを調達したり、下山後に宿泊する民宿あんぼうに、余分な荷物を預けてから、登山口の淀川小屋へ。小屋は無人で、すでに何組かのパーティーが陣取っていた。今まで経験したことのない、硬直する様な寒さの一夜が明けた。

十一月十日　宮之浦岳　民宿あんぼうへ

天気はまあまあ。昨日降り積もった雪を踏みしめて登ること二時間程で、高層湿原の小花之江河原が開けてホッと一休み。白骨化した杉が湿原の中に林立した景観だ。投石平付近は平らな石が並び、歩きやすくホッ！。黒味岳の北東斜面及び投石岳の南斜面は温帯から亜高山帯の森林が見られ、白骨化や矮小化した杉を主に、ヒメシャラ、ヤマボウシ、ヤシャフジ、屋久島シャクナゲの低木林帯だ。

扇岳分岐から急斜面を五十分程登ると、九州最高峰の宮之浦岳（1935・3m）山頂に達し、感激の一瞬だ。頂上は意外と広く、ぐるりと山の重なる原生林の山の向こうに種子島、口永良部島、硫黄島など判別がつかない島々が霞んで見える。

新高塚小屋に入る。木造で二段の寝所になっていて、先客が何組かいた。体が硬直しない様にリラックス、リラックスと呟きながら眠りに着いたが、体調悪し。

十一月十一日　縄文杉を経て民宿あんぼう

さあ今日は縄文杉に会える日だ。七時頃小屋出発で、ヒメシャラの茶色の樹肌が美しい道を歩くこと一時間半程で、高塚小屋通過。ここから十五分程登り、降ると目指す縄文杉だ。展望デッキで枠囲いしてある。標高1300m、やや急な斜面に立つ屋久島最大の杉で、樹高25・3m、胸高周囲16・4m、推定樹齢7200年だという。ゴツゴツした樹肌にはナナカマド、ヒカゲツツジなどの着生樹も多く、樹上にちいさな森ができている。正に森の王者の風格だ。

縄文杉に名残を惜しんで、原生林を更に下る。夫婦杉、大王杉、と固有名を持つ巨杉を見上げながら、ウイルソン株へ到着。小山の様な伐採根は、大正の初めにアメリカのウイルソン博士が雨宿りして発見したことに因んで名付けられたと言う。中は十畳ほどの空洞になっていて、清水が流れていた。天を見上げると、杉の樹冠が見え不思議な空間を作っていた。

このあたりからツアーの行列とすれ違うことが多く、歩道もかなり荒れて杉の根っこもさぞ痛かろうと思った。大株歩道の入り口に降りて、これからが長いトロッコ道だ。三代杉の下で昼食を摂り、軌道の終点まで、単調な枕木を渡って行く。荒川登山口に着き、バス停までの一時間二十分の道程もきつかった。民宿あんぼうへ五時帰着。

十一月十二日　私を除いて屋久島一周観光

風邪気味を押して山小屋での二泊は流石に堪えて、薬を服用して宿で、一日中寝て過ごす。他の友は島一周の観光に出かけた。

十一月十三日　種子島観光後帰路へ

まだ明けきっていないうちに安房港へ種子島に向かう。港町はいずこも同じ風景だ。タクシーで島一周の観光。種子島開発総合センターを見学後、種子島宇宙センターへ。道すがらあちこちの景勝地を巡って、小さな島なのに見るもの多し、の感じ。宇宙技術科学館に入って見学したが、高度な展示と説明に我々にはさっぱり。二度と訪れることはないだろう思い出の島に別れを告げ、ジェット船にて鹿児島港へ。バスにて空港へ。空路帰京して、帰宅は十二時を回っていた。

アポイ岳、トムラウシ岳、朝日岳　平成15年7月21日～31日　5名

七月二十一日　仙台港から苫小牧港まで

青春切符を使って、フェリーに乗って、時間が掛かるがお金の節約の旅の始まりだ。目的の登山口に着くまで二日がかりの、時間はあるけどお金のない熟女五人の珍道中が始まった。

七月二十二日　苫小牧からアポイ登山口まで

十一時近く苫小牧港に着いたが、慣れない船旅で一向に眠られず電車、バスの中でもっぱら睡眠不足を取り戻して、日高本線終着駅、様似駅に辿り着く。アポイ山荘泊まり。

七月二十三日　アポイ山　登山後移動

トムラウシ縦走のための足慣らし登山だ。山荘四時出発で馬の背まで二時間余り、頂上（８１０・５ｍ）へは七時過ぎ到着。一等三角点が有る。登り道は胸突き八丁の岩場などあり、結構なトレーニング登山になった。上下山の道中、青春切符を一回分すり抜けた（故意ではなく）Ｆさん、Ｙさんを肴に話があちこちに飛んで、笑い声の絶えない山行だった。

山荘に九時半ごろ戻り、札幌へ移動。アサクラホテル泊まり。

七月二十四日　移動日　トムラウシ登山基地

札幌から旭川行きのバスで二時間余、ここから天人峡温泉行（一日二、三本発）一時間余りの道程。天人閣宿泊。

七月二十五日　トムラウシヒサゴ沼避難小屋へ

大雪の旭岳に次ぐ北海道第二の高峰を目指す。天人閣四時出発。今日は九時間の歩行になりそう。滝見台まで順調に歩き続けた。それからも長い長い道程だ。小刻みに休憩を取りながら、雄大な大雪山系を眺め、花々に励まされてコツコツと歩き続ける。小化雲岳、化雲岳を過ぎるとヒサゴ沼分岐でやっと先が見えてホッとする。

ヒサゴ沼避難小屋二時二十分到着。小屋には何組かのパーティーと、単独行だと言う同年代の女性に逢った。彼女の逞しい山行歴、食事はほとんど冷凍のアンパンだという話など聞いて、ただ驚くばかりだった。後日談にしばし「鎌田のおばちゃん」として話題に上ることになる。持てる衣服を着込んで、押し合いへし合いで眠れない一夜。ただ気分は高揚と緊張だ。

七月二十六日　トムラウシ登頂

小屋を出て三十分もすると長い雪渓が待っていた。岩礫の足場の悪い道が続く。沼が点在し、高山植物が絶え間なく見られて疲れた気分を励ましてくれるが、カメラを構えて撮る余裕もなく、ひたすら歩き続ける。北沼分岐で、後二十分と教えられた時はほんとに嬉しかった。

八時四十分、トムラウシ山（２１４１ｍ）登頂。標識を囲んで皆のはじける笑顔の写真。十勝岳や雲海をバックに撮り合って、辿り着くまでの難行苦行を忘れさせてくれた。

トムラウシ温泉まで五時間半の下山開始。岩石ゴロゴロの道を用心深く歩き続けて、カムイ炎上あたりに着いた頃は、皆無口になってひたすら歩く。兎に角長い道程だ。若者たちのパーティーが何組か追い越していく。語り掛けたり励ましてくれたりして。トムラウシ温泉にやっとの思いで辿り着く。四時半だった。東大雪荘宿泊。

七月二十七日　温泉にて休養日

二日間の長い行程に今日は休養日と予定通りだが、リーダーのＫさんは予測していたのか、彼女の膝は腫れあがって見るからに痛々しそう。一日中温泉に浸かって治まってくれる様に願う。明日はまた移動日なので彼女の体調を見ながら後半の行程を考えることにする。

七月二十八日　移動日　苫小牧港まで

Ｋさんの膝は驚異的回復力で、残りの予定を続けることになる。列車の旅気分で新得駅から特急とかちで苫小牧に向かう。新夕張駅では留守家族に夕張メロンなど送ってご機嫌取りをしたりして。苫小牧港十九時出港。

七月二十九日　朝日岳登山口まで

仙台港に九時二十分に着き仙山線、佐沢線と乗り継ぎ、佐沢駅に到着。民家がわずか三軒という古寺までタクシーで入る。古寺川に沿って上流へ更に一時間歩き、右岸から橋を渡ると古寺鉱泉で一軒きりの朝陽館に着く。

七月三十日　大朝日岳　朝日小屋素泊まり

登山道は宿のすぐ後ろからいきなりの急登でブナ林の山腹に通じ、ハナマキ峰（１１９６ｍ）から派出している尾根を登り詰めれば古寺川と根子川の分水嶺で、南へ小朝日岳を目指してヒメサユリの群生の中を歩く。連日の疲れがみんなを無口にさせた。小朝日岳の展望で眼前に迫る大朝日岳を確認し、熊越を過ぎると左手に銀玉水があり、一登りするとハイマツ帯となり小屋に着く。頂上までは十五分程で大朝日岳（１８７０ｍ）に登頂。東北の名山が連なっていた。大朝日小屋は素泊まり。

七月三十一日　下山後帰路へ

いよいよ最終日。気分的に余裕ができ、ゆっくり時間を掛けて同じ道を下山。朝陽館に戻り温泉に浸かり帰路に着く。十一日間の長い行程だったが登山は三山で移動日の多い観光旅行だったかな。

日の出山　平成15年12月15日　10名

地元の馴染みの日の出山でわれ等のリーダー金子さんの日本百名山踏破のお祝い登山。メンバーの中でただ一人、世に言う日本百名山を踏破したのだ。その実行力に尊敬せざるを得ない。山頂で豚汁パーティーは楽しかった。

リーダーの金子さんを囲んで　同行して下さった仲間たち

塩見岳、間ノ岳、北岳　平成17年7月31日〜8月4日　5名

七月三十一日　入山基地へ

高速バスを利用して伊那大島の入山基地入り。ホテルフタミに素泊まり。

八月一日　塩見小屋まで

ホテルからタクシーで鳥倉林道終点まで。林道はまだ続いていて、一時間歩き登山口に着く。日頃の鍛錬不足で登り始めて早々にふくらはぎの硬直が始まって、インドメタシンを塗ったり、リーダーに特効薬をもらったりで迷惑を掛けてしまい、先が思いやられるが、前に進むしかない。

三伏峠（日本一高い峠の標識有り）を越え、シラビソの大木を見ながら三伏山に登り昼食休憩。一緒に休んでいた男性二人連れが、携帯電話で塩見小屋へ宿泊を申し込んでくれ、「この時期、予約無しは無理だよ」と注意された。全く不覚。

天気は曇りがちで時々雨がぱらついていた。ハイマツに覆われた本谷山に着き、更に灌木帯の尾根を、景色を眺める余裕もなく黙々と歩き、塩見小屋に三時四十分到着。事前予約ではテント小屋しか入れず、トイレは簡易式でオムツ使用（一枚二百円なり）、水は一

人一リットルで歯磨きと洗面、明日一日分の飲み水として大切に使わなくては。山の厳しさを知らされた。

八月二日　塩見岳から熊ノ平小屋へ

ほの暗い小屋を後にして砂礫の斜面を登り天狗岩の岩稜を越え、岸壁帯が続いて両腕を使い、四つん這い状態で登る。私にはこの方が楽だ。高度は稼げるし、腕に力が分散して背中の荷も軽く感じる。足を掛ける岩場を選んでグイグイと登り詰めれば、憧れていた塩見岳西峰（３０４６・９ｍ）に登頂。三角点標にタッチし、お互いに握手。富士山の頂が雲上に浮いて見え、浄土のような景色だ。風が強かったので岩場にへばり付いて朝食後、一段高い岩稜の東峰（３０５２ｍ）に挑む。名残惜しんで下山。

北俣岳のちょっとした広場には蝙蝠岳への分岐標識があり、それを越えてハイマツ帯を通り抜けると広いザレ場に着いた。可憐なタカネビランジが足元に咲き、後方には塩見岳の眺望が素晴らしく、これぞ縦走路の醍醐味だ。

北荒川岳を抜け、マルバタケブキの群生に歓声を上げながら小岩峰に着く。やがて樹林帯に入りダケカンバの見事な樹形に目を奪われながら、熊ノ平小屋に到着。塩見小屋と違い水の豊富さにホッとする。夕食は蕎麦とシチューの取り合わせも妙。風呂まで使えたが、千円也の入浴料の割には洗い場無し、一人満員の風呂桶、脱衣所も柵で不自由なこと。でも山小屋で汗を流して着替えができるなんて贅沢だよ。狭かったけど、昨夜の寝具より気持ちが良かったので眠れた。

八月三日　北岳山荘へ

小屋のデッキから眼前に悠然と迫る間ノ岳に向けて出発する。三国平に出て農鳥岳への分岐だがパスして先へ進む。間ノ岳（３１８９・３ｍ）に登頂九時半だった。広々とした頂上で、展望は果てしない。今日は稜線歩きの身も心も余裕のある行程で、３０００ｍ高度の散歩道をゆっくり楽しみながら、北岳山荘に向かう。何とも贅沢な気分だった。山荘へも十二時過ぎに着き手続きを終えて、軽装で周辺のお花畑を回ってたくさんの高山植物に出会い、幸せな時を過ごした。

八月四日　北岳から帰路

足元が明るくなるのを待って、一時間半掛けてとうとう北岳（３１９２・４ｍ）頂に立つ。富士山に次ぐ山だけに人気があって、すでに座る場所もない程混み合っていた。目前に堂々と千丈岳が聳え、甲斐駒ヶ岳、鳳凰三山が眼前に迫る圧巻だ。山荘のお弁当も手の込んだチラシ寿司の折詰で、おにぎり二個に沢庵二切れなんて昔の山小屋弁当では若者には受けないのかも。頂上でこんなにのんびりしたのも初めてで、なおも名残惜しみながら下山道へ。肩の小屋から登って来る人たちと次々とすれ違いながら下り、御池小屋眼下に迫る急坂の両斜面のお花畑は見事だった。小屋に着いた時、転落事故発生とかでヘリコプターが飛んで騒々しかった。

広河原から甲府駅へ。急行にて帰宅。

蝶が岳　常念岳　平成18年7月30日〜8月2日　5名

七月三十日　徳本小屋へ

久しぶりの上高地入り。相変わらずの賑わいだ。梓川は豪雨の後で両岸の立木がなぎ倒され、かなり荒れていた。徳本峠入り口から中村新道を登る。二時間半の道程だから足慣らしに良いなんて考えていたが、久しぶりの山歩きで結構大変だった。休憩ごとに明神岳や北尾根の雄壮な山々を眺めて力を得る。徳本小屋に着いた時はほんにやれやれだった。小さな小屋で屋根裏部屋に枕を並べる。アメリカ人の女子高校生が単独行で、蝶が岳から下って来たのだと手振り身振りで話をしたが、なんて勇気ある行動かと感心してしまう。

七月三十一日　蝶ヶ岳ヒュッテまで

小屋を六時出発。穂高連峰から槍の姿をずっと眺められる素晴らしいコースだ。一時間歩いては休憩し、今までの歩き方とちょっと変わってきたように思う。メンバーも年を重ね無理な歩きはできなくなった。大滝山（２６１４・５ｍ）で遅い昼食。その後は緩やかな下り気味でホッとする道。最後の急登で、蝶の雪形が現れるというお花畑の近くを越えてヒュッテに辿り着く。大迫力の槍穂連峰を充分に楽しめる小屋だった。

八月一日　蝶ヶ岳、常念岳

ヒュッテ五時出発。三十分程で蝶ヶ岳（２６６４・３ｍ）に登頂。槍穂連峰、梓川の渓谷美を楽しんで、常念への長い道程に挑む。槍穂連峰の展望はどこまでも続く。ニッコウキスゲのお花畑を過ぎ、途中見晴らしの良いピークを越え、樹林の中の稜線歩きが終わるとガレた上り坂が果てしなく続く。

頂上が見えているのになかなか行き着かないもどかしさを感じながら、一歩一歩と亀の歩みで常念岳（２８５７ｍ）に登頂。小さな祠があるのみで、常念の文字標識が見当たらない。槍、穂高を背景に孤高を保っているといった感じだ。

ガレ場の急降下は落石を注意しながらゆっくり下る。小屋が眼下に見えるのに、下れども下れどもと言った感じだ。早目の小屋入りだったので、六人一緒の個室が取れた。食堂のテラスから槍の穂先が見え、今回の山行は「他山の観賞」といった感じだ。

八月二日　帰路

五時四十分下山開始。水場で最後の水を補給して、黙々と下って行くのはいつもの通り。ヒエ平からタクシーに乗るつもりが先日の台風で道路がズタズタ状で歩くことに。林道歩き一時間余りでいこいの広場に着きタクシーにて穂高温泉へ。汗をながし穂高駅から鈍行列車でゆっくり帰宅。最後の山行になった。

帰宅後、首筋の痛みに耐えかねて治療院に行くと「疲れだからひたすら寝ること」と医者が笑って言った。

あとがき

記録してあった山行ノートをもとに羅列してきた。振り返ると、山の天気ってほんとに気まぐれで、快晴に恵まれたのは数える程しかなく雨の記録が多いのに驚く。どの山行も思いが詰まっていて外せなかった。

多くの山仲間、リーダーの金子さんとの出会いは、自分自身予想だにしなかった登山を経験できてほんとに幸運だった。

山に入ったら自分の体力だけが頼りだという真実、登山中のアクシデントに助けてくれる友がいて、的確に誘導してくれるリーダーがいて、そして道中のお喋りは決して無駄ではなかったし学ぶことが多かった。

今、私の人生を豊かにしてくれた登山を懐かしく思い出して一冊にまとめ終えた。

令和二年四月二十五日

著者プロフィール

内藤 隆子（ないとう りゅうこ）

昭和10年８月、長野県生まれ。

長野県立飯田風越高等学校卒業。

昭和47年、東京都保母国家試験合格。福生市社会福祉協議会に学童保育指導員として就職。

平成８年３月、定年退職。

福生市在住。

山にあこがれて 私の山行記

2021年４月15日 初版第１刷発行

著 者 内藤 隆子
発行者 瓜谷 綱延
発行所 株式会社文芸社
〒160-0022 東京都新宿区新宿１－10－１
電話 03-5369-3060（代表）
03-5369-2299（販売）

印刷所 株式会社フクイン

©NAITO Ryuko 2021 Printed in Japan
乱丁本・落丁本はお手数ですが小社販売部宛にお送りください。
送料小社負担にてお取り替えいたします。
本書の一部、あるいは全部を無断で複写・複製・転載・放映、データ配信することは、法律で認められた場合を除き、著作権の侵害となります。

ISBN978-4-286-22550-0